打工女性系列丛书 3

卢小飞 主编

打工步步通

中国农业出版社

图书在版编目（CIP）数据

打工步步通 / 卢小飞主编．—北京：中国农业出版社，2009.1

（打工女性系列丛书；3）

ISBN 978-7-109-12699-2

Ⅰ．打… Ⅱ．卢… Ⅲ．农民－劳动就业－基本知识－中国 Ⅳ．D669.2

中国版本图书馆 CIP 数据核字（2008）第 205682 号

中国农业出版社出版

（北京市朝阳区农展馆北路 2 号）

（邮政编码 100125）

责任编辑 殷 华 李欣芳

北京通州皇家印刷厂印刷 新华书店北京发行所发行

2009 年 1 月第 1 版 2010 年 8 月北京第 6 次印刷

开本：850mm×1168mm 1/32 印张：4.5

字数：50 千字 印数：60 221～66 710 册

定价：10.00 元

主　　编　卢小飞

副 主 编　吴洁玲

参与编写人员　周　俭　胡　杨

朱　谦　王培培

吴志勋　任正英

李　博　佟　一

打工，是每个打工者进城的主要目的。找到好工作，生活才有希望，辛勤劳动，我们才能实现自己的生活梦想。

如何找到一份适合自己的工作，如何适应新工作，还能在工作中不断提升自己，发展自我，是打工者们最为关心的问题。跟适应城市生活相比，找工和打工也许需要付出更多的辛苦和努力。但是，如果你能更多地掌握这些方面的技巧，知道在职场中应该怎样努力，那么，你在城市的打工生活将更加顺利和更有前途。

本书告诉大家一些进城务工的基本常识和在职场生涯中发展自己的一些方法，希望能够帮助打工朋友们在进城求职的过程中少走些弯路，增加成功的机会。

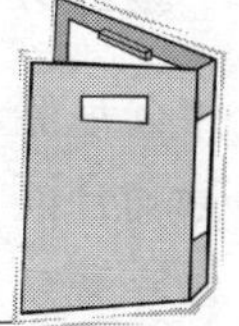

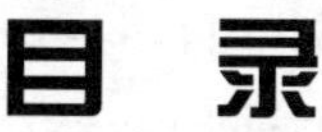

目 录

第 1 章　选择适合的职业 ………………………… 1

一、理想的职业选择方式 ………………………… 2
二、我适合干哪一行 ……………………………… 5
三、适合刚从农村进城务工女性的
　　几种职业 …………………………………………… 9

第 2 章　怎样找到好工作 ………………………… 18

一、怎样获取用工信息 …………………………… 19
二、找工作应该注意什么 ………………………… 22
附录　全国各地人才市场一览 ………………… 25

第 3 章　准备简历去应聘 ………………………… 32

一、怎样写个人简历 ……………………………… 33
二、简历的几种写法 ……………………………… 34
附录　办公室文员简历样本 …………………… 35

第 4 章　如何参加面试 …………………………… 38

一、怎样去参加面试 ……………………………… 39
二、面试有哪些技巧 ……………………………… 42

第 5 章　签订劳动合同 …… 46
一、什么是劳动合同 …… 47
二、劳动合同有哪些内容 …… 48
三、怎样签订劳动合同 …… 49
四、用人单位不和你签劳动合同怎么办 …… 50
第 6 章　如何适应新工作 …… 51
一、如何顺利通过试用期 …… 52
二、如何快速融入新环境 …… 55
小贴士　职场新人 8 条“军规” …… 59
小心跌入试用期陷阱 …… 61
三、试用期间怎样考察用人单位 …… 63
第 7 章　怎样晋升为优秀员工 …… 66
一、有娴熟的劳动技能 …… 67
二、与同事融洽相处 …… 69
三、尊重领导　完成任务出色 …… 73
小贴士　职场里不受欢迎的 10 种举止 …… 76
第 8 章　如何对待“跳槽” …… 78
一、什么时候“跳槽”合适 …… 79
二、你凭什么去“跳槽” …… 82
三、漂亮走好离职五步棋 …… 85
四、切忌频繁“跳槽” …… 87
小贴士　“跳槽”尽量避免法律纠纷 …… 89
第 9 章　打工提升 …… 92
一、打工提升秘诀——边工作边“充电” …… 94

二、考取职业资格证书 …………………………… 99
附录　我国须持《职业资格证书》上岗的
　　　部分工种 ………………………………… 103
　　　钳工和家政服务员资格申报条件 …… 104
三、“钱”途无量是“灰领” ………………… 107
附录　“灰领”包括哪些职业 ……………… 111
　　　“灰领”培训热门项目 ………………… 116
四、获取更高学历 ……………………………… 118
小贴士　“战前”、“战后”总动员 ……… 124
　　　考场应急三招 ………………………… 125
　　　自考热门专业推荐 …………………… 126
　　　慎重选择成人高考教材 ……………… 130
　　　慎重选择成人高考辅导班 …………… 130
附录　各地职业技能鉴定中心一览 ………… 132

打工，是你进城的主要目的，如何找到一份适合自己的工作，如何适应新工作，还能在工作中不断提升自己，发展自我，一定是你最关注的事。的确，找到工作，生活才有着落，做好工作，生活才有希望。工作是我们人生的支柱，只有通过辛勤的工作，我们才能在城里安营扎寨，踏实生活。

跟适应城市生活相比，找工和打工也许需要你付出更多的努力和辛苦，但令人鼓舞的是，这种努力与辛苦一定会获得回报。如果你能更多地掌握一些找工的技巧、对自己的工作能力有正确的评估、对适应新工作有方方面面的了解、对学习与职业提升有清醒的认识，那么，你在城市的打工生活就会更加顺利，也更有前途。

第1章 选择适合的职业

一、理想的职业选择方式
二、我适合干哪一行
三、适合刚从农村进城务工女性的几种职业

一、理想的职业选择方式

理想的职业当然应该是符合自己的兴趣、爱好和自己有潜力并可以在这方面得到发展的。美国杜邦公司副总裁卡尔夫说："在我看来，世界上最大的悲剧莫过于有太多的年轻人从来没有发现自己真正想做什么。想想看，一个人在工作中只能赚到薪水，其他的一无所获，这是多么可悲的事情啊！"

一个合适的职业有多重要？就像鸟儿需要飞翔一样，你的职业就是你飞翔的翅膀，它是你梦开始的地方。能飞多远完全取决于你判断的准确程度，具体说来，你必须在选择前明白自己的性格、气质、能力和兴趣。所以，在选择职业之前，你需要对自己的气质、性格、能力和兴趣爱好有一个基本的了解，然后根据实际情况为自己选定一个职业方向。

性格——

性格是个人稳定的态度和习惯的行为方式。性格一般分为外向和内向两种。

内向性格的人，有耐心、谨慎，适合做类似

研究的工作，如医生、科学家、机械师、编辑、工程师、技术人员、艺术家、会计师、打字员、程序设计员等；而外向性格的人爱好交际，善于活跃气氛，适合做与人交往的工作，如人事顾问、管理人员、律师、记者、政治家、警察、售货员、演员、推销员、广告人员等。

同样，一个人身上也往往兼有内向与外向两种性格，生活中屡见不鲜的例子是一个从前腼腆内向的人最后却成了成功的企业家，而一个开朗好动的人在安静的实验室中度过了一生。

“性格决定命运”，但是，很多人却没有意识到，性格在很大程度上是来源于后天的培养，一个不好的性格在工作中也许是致命的，但是，别只把它归咎于你的天性，别对自己说它是无法改变的，每个人在社会中都会因为这样那样的原因而改变原先的性格，这种改变未必是坏事，有很多人都是因为改变才意外地发现自己有一些意想不到的潜力。

所以，也别以为自己天生就适合某类工作，只是自己生不逢时罢了。在明白了自己的气质和性格之后，还有一个不能忽视的问题，这就是能力。

能力——

心理学把人的能力分为一般能力和特殊能力两大类，一般能力是指观察力、记忆力、注意力、思考力、想象力等，也就是我们通常说的智力，而计算机程序设计、音乐、绘画等需要一些特殊的能力。

智力是大部分人都具备的，只是突出点不一样，比如一些人的语言能力较强，善于表达自己的思想和观点，对于这类人来说，从事与文字有关的工作较有优势，如教师、记者等；一些人的数理能力较强，能够快速运算，进行推理，解决应用问题，适合的工作有会计师、精算师、工程师等。以下是各种不同的能力与适合的职业。

察觉细节的能力：对物体和图形的有关细节具有正确的知觉能力。适合职业：绘图员、工程设计师、画家、医生、护士等。

运动协调能力：身体能够迅速而准确地做出动作反应。适合职业：舞蹈演员、健身教练、司机等。

动手能力：手、手腕、手指能够迅速而准确地操作小的物体。适合职业：技术员、检修员、机械师、手工艺者等。

书写能力：对词、印刷物、账目、表格等的细微部分具有正确的知觉能力。适合职业：校对员、会计、电脑录入员等。

社会交往能力：善于进行人与人之间的互相交往，互相联系，互相帮助，能够协同工作并建立良好的人际关系。适合职业：公关员、对外联络员、业务推销员、咨询服务员、物业管理员等。

组织管理能力：擅长组织和安排各种活动，以及协调参加活动中人的关系的能力。适合职业：管理者，如企业经理和会展、文化娱乐活动职业经理人等。

天才和傻子都是少数，大部分人的智商在中等水平，如果受过良好的教育和系统的训练，再加上自身的努力，则可能由普通变为优秀。

为什么有的人有别人羡慕的工作却仍然感觉不快乐？很高的薪水和出色的工作成绩并不能使他满足？可见他没有找到真正属于他的工作，这个时候，仔细倾听自己内心的声音就显得尤为重要了。

兴趣——

兴趣对职业选择的重要性可能是你所始料不及的，因为一开始的时候，决定你的选择往往是薪水的高低，可是你慢慢会发现，当你干你不喜欢的工作时可能会备感厌倦，这个时候，你只是一个简单的赚钱的机器，虽然有高薪，但你并不快乐。

很多人忽视了这样一个事实：工作本身也是生活的一部分，工作质量的高低也决定了你的生活质量的高低，工作并不是毫无感情的，它对于你的意义可绝不在于供你吃穿，实际上，它是你实现理想的途径，是使你生活得快乐幸福的隐形伴侣。

所以兴趣虽然是你选择职业的最后一步，但却可能是最具决定性的一步，喜欢的工作，这才是人生真正振作的乐事。

二、我适合干哪一行

上面所说的，是当我们有条件可以随心所欲地选择职业时理想的择业方法。可是，在现实生活中大多数人刚开始工作时，都不能按照自己的意愿去选择自己喜欢的职业，有许多人甚至终身对自己喜欢的职业都只是向往而已。这并不奇怪，因为客观的现实环境并没有为我们每个人都铺就一条通往理想的平坦大道。

那么对于文化程度不高，也没有什么专业技术，更没有多少挑选余地的普通打工者来说，该怎样选择自己的职业呢？对于那些目前还本来就没有什么专业爱好，心里又没底，不知道自己适合做什么工作的人来说，方法比较简单，那就是从简单的工作干起，边干边学，不断提高业务技能，同时在工作中发现自己的兴趣和所长，然后再有针对性地调整。对已经有明确的职业发展目标，而因种种现实条件的限制，距离自己的理想目标还很遥远的人，也可以先找一个与你职业目标相近的工作做，在工作中积累你理想职业所需的学识、技能和素养，逐步向你理想的职业目标靠近。有志者事竟成，我们还年轻，谁能说就一辈子没有跨进自己理想殿堂的机会呢！

面对各种职业要求，一般只有初、高中文化的打工者都采取先立足后发展的战略，即先找个工作挣到钱，让自己在城市里能够安顿、生存下来，然后再逐步考虑自己的长期职业发展问题。通常打工者是通过两种途径在职场逐步得到发展的。

1.“跳来跳去”型

今年24岁的巩芳初到北京打工先是在一户人家做保姆，后来这户人家的孩子长大了，上了幼儿园，这家的女主人介绍她到宾馆做了服务员。在做服务员期间，她利用业余时间学习了电脑技术，又自己应聘到北京中关村电脑城里的一家公司，做了办公室文员。但是，巩芳认为她现在的职业还不太稳定，且不是她心目中的理想职业，所以她还在边工作边寻觅新的职业。

“跳来跳去”就是我们通常所说的“跳槽”，跳来跳去不是在同一工种内重复，而是下一个职业所需能力、素质要比前一个职业要高。经常“跳槽”有利的一面是，能够得到多方面的锻炼，个人能力提升较快，在先前岗位上获得的知识和经验，在后来的岗位上能够得到综合运用。这种类型的人综合能力比较强，未来适合做管理者或自己去创业。比如，2006年胡润中国百富榜的中国第一位女首富张茵，大学毕业后曾做过会计，又到香港打工，从事不被人看重的“废纸回收”

行当。后在打工中意识到这个行业潜力巨大，于是在1995年成立了自己的玖龙纸业公司。后因香港已经满足不了内地的原料需求，她又决定到美国打天下，成立了生产造纸原料的美国中南公司，将大量的美国废纸转给内地各纸厂加工，而后销往世界各地，成为美国废纸回收的龙头企业。她也成为美国500强女企业家的第54位，人称“废纸大王”。

经常“跳来跳去”不利的一面是，有时跳不好，知识、能力没有增长，反而耽搁了学习某项专业技能的机会，或引发后续整个职业生涯发展的颓败，蹉跎了岁月，容易到老一事无成。

2. “一扎到底”型

翟树森是河南豫都建筑劳务有限公司的农民工。17岁时，仅有初中文化的他为了生计第一次拿起了瓦刀。他怎么也没想到，有一天自己会成为北京奥运重点工程“鸟巢”工地上叫得响的“金字招牌”。2003年，北京奥运重点工程国家体育场“鸟巢”开工，他凭借过硬的技术和资历，被承建单位北京城建建设“钦点”成为一名光荣的“筑巢人”。在奥运工程建设中，他带领着200人的施工队，攻克了20多项世界性施工技术难题，“鸟巢”看台上占“鸟巢”建筑面积1/3的清水楼梯都是他们做的，并且都是一次成活，没有一件成品因为不合格被砸掉。由于翟树森带领的施工队干的活质量过硬，有效地保证了“鸟巢”混凝土结构施工进度。2007年7月17号，温家宝总理亲自接见了翟树森，称赞翟树森是参与奥运场馆建设的农民工杰出代表。

刘春艳只有19岁，但她已经是全国棉纺织行业技术能手、金华市劳动模范、浙江省棉纺织行业织布工操作比赛第一名。刘春艳初中毕业后就跟着表妹到浙江立马云山纺织股份有限公司打工。一个合格的纺织操作工首先要学会给棉线打结，每分钟打结要达到24个，否则就不是一名合格的纺织操作工。她努力学习打结技术，由一个不懂事的初中生变成了一个能较好完成操作任务的员工。现在，她掌管着11台自动化织布机。2008年她被浙江省推荐为“全国优秀农民工”候选人，是其中最年轻的一位。

翟树森、刘春艳都属于有专长的技术型人才，他们的特点是不管做什么，都“一扎到底”，一心致力于某一行业、领域的业务技术钻研。俗话说，行行出状元。不管是泥工、瓦工、车工、钳工，还是洗碗工、洗菜工，只要你努力钻研去做，都能有所成就，成为行家里手。中国还有句老话，一招鲜走遍天。有了一种专业技能就像捧上了一个金饭碗，一辈子都不怕找不着工作。所以，也不要小看了某些岗位，从最基础的工作做起，你的职业经验会更扎实。

求职就业“一扎到底”型也有不利的一面，即在专业方面发展较好，可是万一出现中途转行，社会适应能力会较差，到时会面临新的人生考验。

三、适合刚从农村进城务工女性的几种职业

通常，除了进工厂当工人以外，餐厅服务员、

家政服务员、前台文员、保安、销售员等，工作内容相对简单，一些必要的知识和技能可以通过短期培训而获得，城市里这方面用人的需求也比较大。但是，这些岗位依然有其各自不同的技能和素质要求。这里介绍几种适宜初、高中文化程度的人从事的行业以及它们的工作内容和技能要求，你可对比一下，看看哪种行业更适合你。

【家政服务员】

1. 工作内容

根据客户要求为所服务的家庭操持家务，照顾儿童、老人或病人，打扫房间，并管理家庭有关事务。

2. 合格家政服务员要求

⑴ 具备良好的服务态度，深入了解雇主对服务工作的要求和注意事项，处理好与被服务家庭之间的关系。

⑵ 遇到问题主动与雇主协商、争取合作。

⑶ 在个人生活方面应尽量尊重雇主的卫生及生活习惯，必要时需调整自己的生活节奏以便更好地完成工作。

⑷ 雇主家庭的私事不问；雇主家庭成员互相议论的事不参与、不传话；雇主家庭成员的贵重物品不动；不领外人到雇主家中，不经允许不打电话，必须接打的电话，通话时间要尽量短。

3. 应具备的基本知识

与食品、饮用品相关的卫生知识；家庭防火、防盗及防意外事故知识；出行安全知识；个人安全及自我保护常识；呼救常识；安全用电、用气常识；个人卫生常识；环境卫生常识。

从事该工作最重要的是，稳重、踏实，能够得到顾主的信任，做事干净、利落。

【餐饮服务员】

1. 工作内容

为就餐宾客安排座位、点菜，为顾客开票，提供各项餐饮服务、装饰、布置等。

2. 特殊要求

餐饮服务员要与食物、餐具打交道，所以首先要保证个人卫生和身体健康，餐饮行业一般要求从业人员有健康证，患有乙肝等传染性疾病者不能从事此行业。

3. 工作要求

(1) 了解餐厅的特色服务，以及客人的饮食要求。

(2) 了解所供应的各种菜点的口味、烹调方法和制作过程及售价。

(3) 了解所供应的各种酒类、饮料的名称、产地、特点及售价。

(4) 懂得各种单据的使用和保管。

(5) 了解餐厅内常用布件、餐具、酒具和用具的使用以及分类。

(6) 掌握托盘、摆台等技能所需的技术及动作要求。

(7) 掌握散座和一般宴会的服务规程。

(8) 掌握各种菜点、酒类、饮料的适用范围及食用方法。

(9) 掌握安全使用电、煤气及消防设施的知识。

(10) 懂得基本化妆知识和一般社交礼仪、礼节。

4. 技能要求

(1) 能按照菜单要求正确配置和摆放餐具。

(2) 能按照服务规程接待散座客人与一般宴会。

(3) 能熟练地进行托盘、折花、摆台、斟酒、上菜、分菜等工作。

(4) 能根据宾客需要，介绍、推荐菜肴、点心和酒类、饮料。

(5) 能准确迅速地计算售价。

(6) 能独立处理接待过程中的一般问题。

该工作对人的基本素质要求是：热情、服务态度好、手脚麻利、熟记菜谱。

【柜台服务员】

1. 工作内容

通过与上门的客户沟通，将商品销售出去，提高商品的销量。

2. 工作要求

任何一位销售人员的业绩都是由三个方面的因素来决定的，那就是态度、知识和技巧。

(1) 态度。柜台销售人

员的工资＝底薪＋提成，这种工资结构极大地激发人对工作的热情，销售人员往往会为了销售提成而不遗余力地去推销商品，但是销售人员的态度一定要把握尺度，急功近利的热情是不可取的。

（2）知识。对所售商品的产地、特点、功能都要了解，并且要掌握顾客的心理，站在顾客的角度去思考、推介商品。

（3）技巧。技巧就是在生活或工作中表现出来的专业行为，对于直接面对顾客的柜台服务员来说，服务态度、表情和对产品的介绍，都决定顾客对所要购买商品的印象。

从事该工作最好是口齿清楚、表达能力强，善于与人打交道的人。

【产品推销员】

产品推销员一般是上门推销产品。推销员的市场需求量大，且入行门槛低，薪水比较有诱惑力，成为很多刚进城的打工者的首选。但是，要想做一个优秀的、业绩高的产品推销员，却不是件简单的事，它需要推销员掌握各方面的知识和能力。

1. 必备素质

（1）能力素质。交往沟通能力、应变能力、决断能力等。

（2）思想素

质。作为推销员，品行、人格、职业道德、工作态度对业绩会有直接影响。

（3）心理素质。遭受白眼是业务员每天都需要面对的，所以推销员需要有较强的心理承受能力，能承受工作压力。

（4）身体素质。业务活动很多时候就像打仗，没有硬朗的身板可不行。

2. 工作要求

（1）具备相应的知识。做业务员，除了对所推销产品的性能和同类产品的市场情况熟悉外，还需掌握一定的营销理论和社会学、心理学知识，你才能据此展开营销攻势。

（2）有应变能力。业务员开展工作，每次面临的情况都是不可预知的。所以做业务员，不是简单地“用手、用脚、用嘴”就行，还要善于发现问题，能够评判当时的局势，从对话、观察中找到机会点，并想出相关的应对措施，不论出现什么情况，都应该做到“多走一步”、“多想一步”。

（3）一定的推销技巧。产品推销操作性强，实战经验很重要。“师傅带徒弟”往往能发挥十分大的作用，只要善于借鉴和消化，从优秀业务员身上可以学到很多东西。自己成功的做法也要注意总结，一旦掌握了某种技巧，往往可重复使用，而且大多屡试不爽。

从事该工作同样需要口齿清楚、表达能力强，善于与人打交道，更重要的是还要有韧性。

【售楼员】

售楼员是以业绩论英雄的行当，一般底薪很

低，提成很高，假如工作业绩好，收入会很丰厚。但是，销售是一门学问，不要以为谁都可以在这一行挖出一桶金子。

必备素质

(1) 丰富的专业知识。售楼员必须对很多知识略知一二，例如建筑、法律、市场、投资回报等。在实际销售过程中，还需要应用心理学、行为学、城市经济学等综合知识。

(2) 接受挑战的勇气。在竞争激烈的售楼界，要做一名合格的售楼员，最起码要具备强烈的成功欲望与积极向上的进取心，没有接受挑战的勇气和信心，在这行不会干长久。

(3) 深入沟通的技巧与耐心。要想把楼盘成功推销出去，与客户良好的沟通能力往往就是售楼员制胜的法宝。售楼员除了必须具备一定的语言技巧与表达能力外，还必须在对客户的热情与讲解的耐心上面把握好自己的分寸。

（4）大方有亲和力。由于售楼员在与客户交往中实际代表的是公司形象，落落大方的气质修养与专业化的服务往往会无形中提升自己的亲和力，顺利签单自然也就不再是多困难的事情了。

（5）吃苦耐劳的专业精神。售楼员还必须具备吃苦耐劳的专业精神。因为售楼员必须经常在售楼处与工地之间往返，加班加点更是家常便饭。所以，没有良好的身体素质与吃苦耐劳的专业精神，肯定做不好售楼员。

注：国家规定从2006年9月1日起售楼员必须持证上岗，所以要做一个售楼员须经过考试。

【办公室文秘】

1. 工作内容

（1）接听电话，向电话询问者提供信息，记录留言，转接电话。

（2）各种文件的打印、文件归档、保管。

（3）收发与回复日常邮件。

（4）来访客人通报及接待。

（5）会谈、会务安排；安排商务旅行，做好预订工作。

（6）采购、分发和控制办公用品等。

（7）工作区域清洁。

2. 工作要求

（1）仪表整洁，能够做好日常接待工作。

（2）熟练使用基本办公设备。

(3) 能够做好自己的日常工作和上司交办的工作。

(4) 能够轻松应对各种场合。

(5) 能够撰写简单的事务文书和礼仪文书，如感谢信、邀请信、贺信等。

从事该工应该办事认真、细致，做事有头有尾，不忘事、不丢三落四，每一件事都安排得妥妥帖帖，交代得清清楚楚。

第2章 工作怎样找到好

一、怎样获取用工信息

二、找工作应该注意什么

找工作，是进城打工的头等大事，很多人希望今天进城，明天就能找到工作。但是，事情往往不能那么遂人心愿，找工作很可能是一个曲折的过程。

为了切实帮助打工朋友尽快找到适合自己的工作，尽量少走弯路，这里告诉大家一些进城务工的基本常识以及求职中的技巧。

一、怎样获得用工信息

获取招工信息的途径有多种。

1. 去劳动力市场

现在各地各级政府都专门设立了人才市场，定期组织人才交流会。具体举办的时间、地点一般都刊登在当地的人才市场报或晚报上，求职者可以买当地的报纸获取信息，或直接到常设的劳动力市场去求职。

这里要注意，对文化程度不高的农村进城务工青年来说，去人才交流中心不是最好的方法，

因为人才交流中心和由其组织的大型招聘会一般要求应聘者具有一定的文化程度，并能出示相应的毕业证件，这有可能将农村进城务工青年挡在门外。而且像家政服务员、餐厅服务员这样的岗位，人才招聘会上很少见到。倒是现在各地各级政府为帮助农民工就业和解决当地企业用工问题，都会专门组织不定期的农民工招聘会，所提供的岗位更适合农民工，大家一定要抓住这样的机会。

2. 请亲戚朋友熟人帮忙介绍

亲戚朋友直接介绍是一种便捷的方式。俗话说“多一个朋友多一条路”，可向已在城里工作生活的亲戚朋友了解哪里正在招人。因为是朋友、是亲戚，对自己各方面情况比较了解，所以往往找到的工作还更适合自己。注意，请亲戚、朋友帮忙前，一定要将自己能干什么，想找什么样的工作和他们说清楚，这样成功的把握会大一些。事实上，有许多用工企业已经因为熟人介绍的方式，形成了员工大多来自某一地方的情况，一般企业主并不避讳这种招工方法，相反认为这样员工好管理。有的环境、待遇比较好的企业甚至只允许工作优秀的员工作为企业用工的介绍人，而介绍人为了自己在企业中的位置和表现，也有意识地对自己介绍来的新进员工进行约束。

3. 从报刊、广播、电视获得信息

媒体信誉度高、受众面广，是各类企事业单位发布招聘信息的重要工具。所以一般报纸上都会有用工单位直接发布的用工信息。但是对报纸上发布的用工信息也一定要鉴别其真伪性，如果报纸上长期都有这家公司的招聘信息，那就有可能是骗子公司了，其在报纸上打招聘广告并不是为了真正用人，而是引诱求职者上门，骗取求职者的手续费或有其他目的。

4. 通过职业介绍所找

与相对门槛儿较高的人才市场相比，职介所提供的工作往往更加大众化，对应聘者的要求也会相对宽容，所以更适合进城务工的农民朋友。不过，通过职介所找工作一定要去正规的职介所，特别是由当地劳动部门办的职业介绍所。

一般各省、市、区（县）都有劳动部门设立的职业介绍中心，这里不仅全天候地提供招工信息，还经常举办较大规模招聘专场，有的还开设了农民工服务窗口，实行信息提供、劳动合同签订、档案保管、劳动权益维护等“一条龙”的综合服务。劳动部门职业介绍中心的职业介绍有的是免费的，有的是收费的。即便是收费的，一般也收费低廉，而且职业介绍收费、服务标准等都明码标价，你可以放心地在此找工作。

5. 网上求职

随着网络技术的广泛应用，借助互联网查阅招聘信息是一种普遍的方式。像中华英才、前程无忧、智联等都是知名的全国性专业招聘网站，招聘信息分类非常清楚，能直接查到很多专业对口信息，而且，网上招聘往往有公司介绍，让你对所应聘的公司有一个较为详细的了解，可以做到知己知彼，心中有数。

但是，上述招聘网站还是适合大专以上文化程度或有专业技能者。如果是仅仅初、高中毕业，没有任何专长的朋友，可以登陆各地政府、劳动就业部门创办的网站和地方的人才网站查询招工信息。如打工热门城市江苏省昆山市的昆山人才网是当地最大的招聘网站，上面有各种企业招工的详细信息，如电子厂招聘操作工、酒店招收服务员等，并且招工要求、面试需要带什么，招聘地点、联系电话等一应俱全，非常适合农民工朋友。

在这些网站看到适合你的有关用工信息后，可以直接打电话询问，进一步了解招工的情况或前往咨询。

二、找工作应该注意什么

1. 南北找工作特点不同

到珠三角、长三角等工厂较集中的城市打工时，你可以直接到工业区的厂门口去，很多厂都是将用工信息贴在厂门口，可以随时见工。这样找工作成功的机会大。去工厂密集的工业区时，最好选择骑自行车，这样可以逐个地看厂门口的招聘广告，省时又省力，见工机会比较多。

而我国北方的城市很少有成片的厂区，建筑工、保姆、销售、服务等工作机会比较多。可以直接到工地或商店、餐馆门口看贴出的招工信息。一些专门针对农民工的自发的劳务市场，这些场所一般就在马路边，或者公园的一角。在这里求职比较简单，用人单位看中了你，与你谈好工资，你直接就可以跟他走。但是这样的场所没有政府的监管，鱼龙混杂，对求职者来说风险很大。因此初进城打工的女青年最好不要去，以免上当受骗。另外，这种找工作方式是非法的，农民工的合法权益很难得到保障。

2. 警惕假职介行骗

看到找工作的人很多，有许多人又没有求职经验，一些骗子竟瞄准了职业介绍这个环节进行欺骗。他们开假职业介绍所只为收取职介费，而根本没有岗位介绍给求职者。有的外地打工者交了介绍费，根本找不到工作，还要不回钱来，常弄得找工作者陷入走投无路的境地。所以，如果到中介求职，一定要做到“四看”，防止上当受骗。即一看有无明确业务范围；二看有无固定办公场所；三看有无《职业介绍许可证》和《营业执照》；四看收费项目和标准是否符合规定。如发现中介证照不齐或存在欺骗行为，可向当地劳动部门举报。

正规职介所有职业介绍许可证和工商营业执照，而且挂在醒目的位置。只收登记费和中介费，

不收押金，登记费一般在10元左右。而黑职介往往以“好单位”、“好工作”、“高报酬”相诱惑，或以交押金为名，开口就要几十甚至上百元，而且收钱不开具正式发票。

求职时，应向职介机构询问用工单位的情况和用工条件，认真保管好收费票据；找到合适职业后，应持职业介绍机构开具的介绍信及时到用工单位面试；面试合格后应与单位签订劳动合同，并到劳动部门办理录用备案和社会保险手续；如果没有被单位录用，应让用工单位注明不录用的理由并加盖单位公章，求职者凭退回的介绍信，办理下一次职业介绍手续。

3. 错开求职高峰好找工作

进城务工应当错开求职高峰季节。每年春节过后，是农民工集中外出务工的时间，不仅各地客运紧张，各大城市劳务市场也是求职者云集。没有一技之长或者缺乏专门目标者此时找工作比较困难。现在各地劳务市场基本在每年的正月十五到正月二十前后，是求职旺季，找工作者供大于求；而5月和10月是求职的淡季，这时很多用人单位急于招聘人员。你可以根据自己的情况调整出行时间，合理避开求职高峰，这样更容易找到满意的工作。

附录　全国各地人才市场一览

1. 吉林省人才市场

地址：长春市建设街2650号(建设广场)

电话：0431-5611100　5611184　5611185

每周三、六举办定期人才洽谈会

2. 长春市人才市场

地址：长春市安达街

3. 中国西安人才市场

地址：西安市长安北路1号

电话：029-5215995

4. 江苏省人才市场

地址：南京市广州路213号

5. 南京市人才市场

地址：南京市成贤街119号

电话：025-3370624　3692264　3282641

6. 苏州市人才服务中心

地址：苏州市东大街56号

电话：0512-65196802

7. 温州市人才市场

地址：锦绣路银都花苑现代九幢

8. 无锡人才市场

地址：无锡市解放东路888号无锡人才信息

大厦

电话：0510–2829770 8373082 2828865

9. 新疆维吾尔自治区人才市场

地址：乌鲁木齐市克拉玛依东路 34 号

电话：0991–4617753

10. 乌鲁木齐人才市场

地址：乌鲁木齐市南湖路 23 号(乌鲁木齐县政府对面乘 5、23、32、59、61、62、104、152、153、529 路公交车南湖小区站下车)

电话：0991–4639654

11. 辽宁省人才市场

地址：沈阳市和平区哈尔滨路 50 号辽宁人才大厦

电话：024–22503879 22503878

每周六在辽宁人才市场招聘大厅定期举办现场招聘会

每月中旬在辽宁体育馆举办大型人才招聘洽谈会

12. 沈阳市人才市场

地址：沈阳市沈河区北京街 16 号人才大厦

电话：024–22534188

每周二毕业生洽谈会

13. 大连市人才服务中心

地址：大连市沙河口区迎春街 45 号

每周二、五、六、日举办人才招聘洽谈会

14. 四川省人才市场

地址：成都市小南街 75、99 号

电话：028–86139268

15. 成都市人才市场

地址：成都市宁夏街 136 号

电话：028–86241445　86241446

16. 北京市人才服务中心

地址：北京市东城区安定门外大街 187 号人才大厦

电话：010–64401188–111、431

17. 北京毕业生就业市场

地址：北京市海淀区德胜门西大街甲 5 号

电话：010–62217508　62217509

18. 北京中关村人才市场

地址：北京市海淀区苏州街乙 29 号

电话：010–62551894　62531175

19. 天津市人才市场

地址：天津市河东区六纬路 112 号增 1 号

电话：022–24022337　24022322

每周三、六定期举办交流会

20. 中国上海人才市场

地址：上海市中山西路 620 号

电话：021–62337760　62337945

21. 上海市人才市场

地址：浦东：上海市商城路 660 号乐凯大厦 5 楼

浦西：上海市中山西路 620 号 1 楼

22. 重庆经营管理人才市场

地址：重庆市江北华新街

电话：023–67765275

23. 黑龙江省人才市场

地址：哈尔滨市长江路 130 号

电话：0451-2609051

每周一至周五全天开放，每周三、五、六定期举办人才供需洽谈会

24. 哈尔滨人才市场

地址：哈尔滨道里区抚顺街 90 号(乘 58、75、83、91 路车到哈人才市场站)

电话：0451-4535675　4513026

每周二、四、六、日上午 8:30-12:00 点举办人才交流大会

25. 内蒙古人才交流服务中心

地址：呼和浩特市中山东路团结巷 8 号

电话：0471-6910578　6956372

26. 山西省人才市场

地址：太原市长风大街 2 号

电话：0351-8930891　7188108 转 8801 或 8802

27. 太原市人才市场

地址：市场一部：太原市学府街 378 号(高新区内)

电话：0351-7027427　7024666

市场二部：太原市桃园三巷(桃园正街 6 号)

电话：0351—4128111　4129111

28. 河北省人才市场

地址：桥西市场：石家庄市裕华西路 506 号河北省老干部活动中心 13 楼

桥东市场：石家庄市中山东路 168 号河北贸易大厦 6 楼

电话：0311-3999725　3999726

29. 安徽省人才市场

地址：合肥市益民街17号富华大厦

电话：0551-2626888

每周一至周五开展日常性工作

每周三、六、日8：30-13：00定期举办人才集市(三楼)

30. 济南市人才交流服务中心

地址：济南市经十路239号

电话：0531-7916049　7916144

31. 烟台市人才服务中心

地址：烟台市南大街61号

电话：0535-6683246　6683245

32. 青岛市人才市场

地址：青岛市海尔路178号

电话：0532-8916675

33. 浙江省人才市场

地址：杭州市莫干山路73号(杭州市政府正西面)

电话：0571-88394458　88397122

34. 杭州市人才市场

地址：杭州市体育场路335号二楼

电话：0571-85062690　85106294

35. 扬州市人才市场

地址：扬州市扬子江北路78号

电话：0514-7885899　7951348

36. 江西省人才市场

地址：南昌市二七北路98号A座

电话：0791-6371582　6371581　6371560

37. 南昌市人才市场

地址：南昌市后墙路 33 号(乘 5、18、25 路车到南昌市第一医院下车)

电话：0791-6778669　6774206

38. 福建省海峡人才市场

地址：福州市东大路 36 号

电话：0591-7618873(直线)　7673388 转 8033

39. 福州市人才市场

地址：福州市五一中路五一新村前街人事大楼

电话：0591-3332124　3325324

每周三举办人才集市，免票入场

40. 厦门市人才服务中心

地址：厦门市湖滨东路 319 号二楼(乘 8、9、15、80、89 路、巴士 2、6、24 路及鹭驰巴士 2 路到人才中心站)

电话：0592-5053981　5322132

41. 湖南省人才市场

地址：长沙市远大一路 132 号湖南人才大楼

电话：0731-4736506　4765368　4761286

42. 湖北省人才开发交流中心

地址：武汉市武昌区中南路 14 号发展大厦 4 楼

43. 河南省人才交流中心

地址：郑州市经二路 11 号

电话：0371-5956852　5957351

44. 郑州市人才交流服务中心

地址：郑州市陇海路 330 号

乘车路线：陇海路与桐柏路交叉口附近，公交线路：212、9、210、201、

203

电话：0371-8615505

45. 深圳市人才交流服务中心

地址：深圳市宝安北路人才大市场大厦

电话：0755-82122300　82122397　82122843

46. 贵阳市人才市场

地址：贵阳市解放路 276 号(省军区南厂路口，乘 8、9、10、23、24、26、86、91 路中巴在陈家坡或南厂路口下车)

电话：0851-5742852　5779231

应聘准备简历去

一、怎样写个人简历
二、简历的几种写法

当你有了明确的岗位目标，下一步就是去应聘了。应聘方式根据用人单位的情况和用人的需要、要求等有所不同。如果用人单位以招聘会形式招聘，并且你已获得招聘会的具体时间、地点，就可以直接去招聘会现场；如果你得到的只是用人单位的用人信息，而没有具体的招聘时间，你可以打电话过去询问，约定你去应聘的时间；有的用人单位不会随便与应聘者见面，而是要求应聘者先投一份个人简历，然后根据应聘者的简历情况进行筛选，再约适合的人见面。所以个人简历就像你的个人名片一样，在你求职中发挥重要作用。

一、怎样写个人简历

对用人单位来说，看简历如见其人，因此，简历写得好坏很大程度上决定了你求职的成败。一份完整的简历应该包括：标题、基本情况、教育经历、工作经历、求职目标、联系方式等。

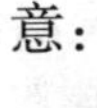

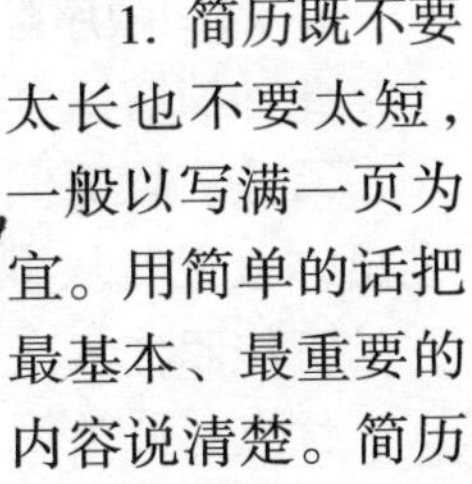

写简历应该注意：

1. 简历既不要太长也不要太短，一般以写满一页为宜。用简单的话把最基本、最重要的内容说清楚。简历太长会让阅读简历的人失去耐性。简历太短又会让招聘方觉得你态度不够认真。

2. 突出你的长处，用令人信服的数据、词汇去说明你的能力。如应聘文员或打字员，要写“本人打字速度每分钟 80 字以上”而不要写“本人打字速度很快”。

3. 说准你的职业目标，这是简历里面最核心的内容。很多人是多面手，并且一专多能。但招聘单位因岗位需要招人，所以应聘者应针对对方职位要求，描述自己的优势。

4. 学历应该从最高的开始写，工作经历应先从现在所从事的工作写起。因为招聘人员最关心的是你所受的最高教育和最近的工作。

5. 简历内容一定要真实，不能弄虚作假，尤其工作经历部分千万不要编造。否则被发现会失去信任。

6. 简历设计也不要过于怪异、花哨、不合常规，否则招聘单位会感到你这个人不踏实、离谱。

二、简历的几种写法

写简历有技巧，不同的人采取不同的写法，于不知不觉中突出你的长处，淡化你的不足。

1. 时间顺序型简历

此种简历适合于没有文凭但有工作经验的人。

写法：以时间为顺序列举出你的工作经历,先列出你最近所从事的工作,然后按逆时间顺序将过去的工作职称依次列出。

优点：此类简历直截了当,书写简明,如果处理得当,整个简历将显得有力可信。没有高学历，可以不写这一项，这样可以争取到面试机会。

2. 职能型简历

此种简历适合于频繁更换工作的人。

写法：按照工作职能或技能而不是按时间段、工作职务或工作过的单位名称来排序编写。

优点：对综合以往几种工作的技能用于新工作，或是新近经过再培训教育而获得新技能的人来说，是最适合不过的了。

3. 技能型简历

此种简历适合于有技术第一次找工作的人。

写法：根据需要有选择地列出自己学习、工作的经历，充分表现自己的技能、品德。与前两种相比，它主要强调熟练的技能，不必强调工作的年限。

优点：更有针对性，瞄准某个具体、特殊的岗位或领域，有的放矢。

4. 复合型简历

此种简历适合于大多数人。

写法：内容包括职能 / 技能类型，简略的工作经历，其中包括职务头衔、任职时间等。

优点：既能突出你的技能，又能提供你过去的工作经历。

附录　办公室文员简历样本

个　人　简　历

姓名：×××　　性别：女

民族：汉　　年龄：25 岁

学历：大专　　　专业：文秘
电话：12345678　手机：139××××1234
E-mail：12345678@sohu.com

教育背景

2000.9—2002.7 毕业于北京秘书学院文秘专业

培训情况

＊接受过北京礼仪学校系统培训。

＊熟练掌握 office 办公软件及其他现代办公设备，打字熟练。

＊能用英语进行日常交流，具备较好的听说能力。

工作经历

＊2004 年 6 月至今，在××公司任办公室文员工作，负责文档管理、文书写作、机票、酒店预订及其他外联、协助负责人进行重要日程安排、协调同其他各部门的关系、收发来往信件、订购办公用品等。

＊2002 年 9 月 2004 年 5 月，在××公司任前台接待兼办公室文员，负责前台接待工作及办公室行政工作，在此期间工作认真负责，深受领导和同事的好评。

个人简介

办公室文员是一个需要更多责任心和细

心去完成的工作。我使用五笔字型的中文录入速度每分钟 100 字以上；英语的听、说、读、写能力达到四级水平(目前正在进修行政管理本科学历)；有组织单位各种活动的经验；能够熟练地运用 Microsoft Office(如：Word、Excel、Exchange、PhotoEditer、Po－werpoint、Frontpage、Ulead Iphoto Express 等)的各种功能进行高效的办公室日常工作。本人工作认真、负责，具有很强的责任心和进取心。

请给我一个机会，我将还您以夺目的光彩！

第4章 如何参加面试

一、怎样去参加面试

二、面试有哪些技巧

一份好的简历能让你获得面试机会，却不一定能让你得到工作。只有抓住面试机会好好表现自己，才有可能让你得到饭碗。

面试，是用人单位招聘时最重要的一种考核方式。对求职者来说，面试也是一个充分展示自己知识、能力、性格、特点的机会，是整个求职过程中最重要的阶段。

尽管面试是供求双方相互了解的过程，但在很大程度上是求职者接受用人单位的考核。因此，为了获得所求的工作，求职者应该充分做好面试的准备，在面试中适度地表现自己，给招聘者留下满意的印象，从而获得求职的成功。

一、怎样去参加面试

1. 面试的方式

面试的方式很多，根据岗位不同面试的内容也不同，但大致可以分为以下几类：

（1）问题式面试。主试人根据事先拟定的提纲，对应试者发问。主要考核应聘者的文化背景和业务素养，了解应试者更多的真实情况。

（2）情景式面试。主试人设定一个情景，如提出一个任务，请应试者设法完成。其目的在于考察应试者处理特殊情况或解决问题的能力。

（3）压力式面试。主试人有意识地对应试者施加压力，针对某一问题作一连串地发问，甚至追根问底，直至无法回答。目的在于观察应试者在压力下的反应，判断其应变能力。

(4) 外引导式面试。与压力式面试相反，气氛较为轻松。主试人与应试者自由交谈，以活跃气氛，在闲聊中观察应试者的谈吐、气质、知识面和能力。

(5) 综合式面试。主试人通过多种方式综合考察应试者的能力和素质。如用外语会话，要求操作一下计算机，以考察其外语、计算机的实际水平。

2. 面试应注意的问题

(1) 面试前要做好充分的准备。一方面要尽可能多地搜集用人单位的资料，如它的规模、业务范围、产品、服务、对人才的需求与使用情况等。更重要的是，详细了解所申请的相关职位的描述，并对照自己的实际情况，分析自己的短长，做好应对准备。还可以准备一些你想了解的用人单位的问题，如成为单位员工后有哪些职责等。面试也是你了解用人单位的机会。

(2) 携带好本人简历、推荐材料等。即使曾经给面试单位发过求职信，也应该再带上一份，以备不时之需。因为面试官提的许多问题可能都来自你的简历，你可以和面试官一起讨论你的经历，这样易于掌握主动。

(3) 不要带人同往，这会给招聘者留下缺乏信心的印象。即使是两人同去一个单位应聘，也不要同时进入。

(4) 回答问题应口齿清晰，思路明确。措辞要得体，有组织、有条理、不啰嗦，但也不能只说“是”或“不是”。

(5) 如果被招聘人员集体进行面试，应注意协调好关系。回答主试人问题的时候，可以用眼睛的余光观察一下其他人的反应，以示对其他人的尊重。如果有两个主试人同时提问，则应逐一回答。并在回答以前向一方说明："对不起，请让我先回答第一个问题可以吗?"

3. 面试意外情况应对

(1) 紧张。深呼吸是缓解紧张的有效措施，在进入招聘者办公室以前，做几次深呼吸，有助于缓解紧张的情绪。在倾听对方提问的过程中，也可用深呼吸来控制自己的情绪。另外，在参加面试之前，可以试着做一个模拟训练，请自己的同学、朋友协助提出问题，由自己来回答。如果在回答过程中出现紧张以致无法控制时，应该坦率地告诉主试者，请求暂停一下。

(2) 没有听清楚主试人提的问题。应试者有时可能因为过度紧张以至一时没有听清楚主试人的问话，或者不明白主试人的意图，这时不妨请主试人再说一遍。例如"对不起，您的意思是……"或"不知您是否想问……的问题"。

(3) 遇到自己不懂的问题。人不可能什么都懂，面试过程中很有可能会遇到自己确实不懂的问题，碰到这类问题，一定不要不懂装懂或瞎猜一气，要坦率地说："对不起，我不懂。"坦率真诚要胜过虚荣百倍。面试单位也不一定要求应聘者什么都会、都懂。

二、面试有哪些技巧

1. 注重礼节仪表　争取第一印象

(1) 注意个人仪表。一个人的外在形象具有自我介绍的作用，别人对求职者的第一印象，往往是从谈话、举止、服装上得来的。因此，参加面试时，一定要注意自己的形象，衣着要得体，衣服要干净，鞋子要擦亮，装束要整洁，切忌穿戴怪异，浓妆艳抹。

注意，无论是冬天还是夏天，都应该把袜子穿好。最好在口袋里装一块手帕或纸巾，以备不时之需。

(2) 礼节不能失。应在约定的时间以前赶到面试地点，一方面可以给自己留下一点时间，整理一下思路；另一方面提前赶到也表明自己对面试的重视。

有的求职者到了应聘单位门口，犹豫徘徊，迟迟不敢入内。其实大可不必，这样反倒容易把事情搞糟。大大方方地走进去，有礼貌地主动介绍自己的姓名、毕业学校、来意等就可以了。

如果招聘者恰好正与其他人交谈，应该耐心地在外边等候，不要贸然闯入。

如果有几个人同时面试你，其中一人向你介绍其他人时，你应该点头致意或主动问候，并努力记住每个人的姓名、职务。

交谈中要注视对方，注意倾听。注视对方是尊重对方的一种表示，不敢正视对方会给人缺乏信心的感觉，眼望别处则显得心不在焉，是不礼貌的。注意倾听也是对对方的尊重，倾听还可以使自己获得更多的信息，以便随时调整自己谈话的内容。

记住，千万不可边嚼口香糖边参加面试，这是很不礼貌的。

2. 漂亮的开场白　良好开端的一半

一段大胆、自信的短短自我介绍，犹如商品

广告，在有限的时间内，将自己最美好的一面充分地表现出来，不但会令对方对你留下深刻印象，还会引发“购买欲”。

说开场白时要面带微笑。微笑在人际交往中起着调和剂的作用。一个善于利用微笑的人，往往最能够抓住机遇。微笑是一种无声的语言，能展示出自己的自信、魅力和与人沟通的良好愿望。无论是在寒暄的时候，还是回答问题或告别的时候，微笑都能够使招聘者感到心情愉悦，从而取得较好的效果。

3. 面试问题巧回答　增加你的印象分

(1) 你为什么希望到我们单位来？回答这类问题时，要从工作环境、性质如何有利于事业发展和个人兴趣、爱好方面来谈，不要过多地谈福利待遇问题。如主考人未说，可在面试结束时委婉提出。否则面试人会觉得你目光短浅，只顾眼前利益。

(2) 你在学校学了哪些课程，哪些与你所申请的工作有关？回答这类问题时，不要面面俱到，只要把自己在学校里所学的重要课程及与申请工作有关的课程谈出来即可。也可着重介绍一下自己课余又看了哪些书籍等。

(3) 你有哪些特长、兴趣、爱好？回答应该实事求是。特长爱好要讲明，并且恰到好处。如果你没有什么特长，可以说喜欢什么，但千万不要胡编乱造，因为主试人可能会和你谈一些具体细节问题。

(4) 请你介绍一下你的优点和不足。在回答这类问题时，优点要讲清，不足也要讲明，大多数用人单位不会因为你讲了自己的不足，而影响到对你的录用。在介绍自己的缺点时，要注意表达的方法。如果你是个急性人，可以说自己耐心不够，这样回答，有时可能会收到意想不到的效果，主试人可能会认为你办事果断，不拖拖拉拉。

面试还可能遇到其他一些问题，应试者只要坦诚回答，就可以取得主试人的信任和好感。

第5章 签订劳动合同

一、什么是劳动合同
二、劳动合同有哪些内容
三、怎样签订劳动合同
四、用人单位不和你签劳动合同怎么办

经过一轮又一轮的面试，终于过五关斩六将，你被正式录用了。但是别忘了，下面还有更重要的事情要做，这就是与公司签订劳动合同。

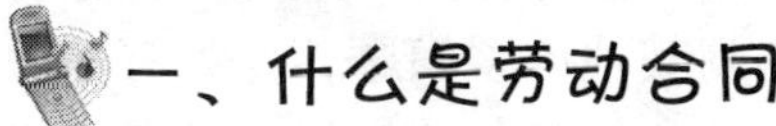

一、什么是劳动合同

什么是劳动合同呢？劳动合同，就是劳动契约，是用人单位同劳动者之间建立劳动关系的有法律效力的文书。有了劳动合同，你的劳动和你的劳动所得就受到法律的保护，否则你的合法劳动权益就无法保障。

【例】小文应聘到一家茶楼做服务员，与茶楼签订了一年的劳动合同，还被收取了500元押金和300元培训费。干了几个月后，她觉得这个茶楼每天工作十二三个小时太累，想离开这家茶楼，但是她又担心老板不返还她交的押金。正当她不知道该怎么办才好时，她的一个老乡告诉她，你可以直接去找老板，如果老板不给你，你就到劳动仲裁部门去告他。小文去找老板理论半天，还真顺利地拿回了所交的押金。因为小文与茶楼虽然签有一年的劳动合同，小文要提前走违反了与茶楼间的合同约定，但是按照劳动部关于贯彻执行《中华人民共和国劳动法》（以下简称《劳动法》）的规定，用人单位在与劳动者订立劳动合同时，不能以任何形式向劳动者收取定金、保证金（物）或抵押金（物）。茶楼老板怕小文真的去告他惹麻烦，所以赶快把押金还给了小文。

这就是劳动合同的法律作用和效力。打工者应聘到企业还会遇到其他许多问题，比如有的身份证和当地证明信被老板扣留；说好是月薪，但平时不发，只给零用钱，年底兑现；加班不给加班费等。如果你持有与企业主签订的劳动合同，遇到这些问题时，都可以通过法律或劳动仲裁部门寻求帮助解决。但是，如果没有劳动合同，这些问题解决起来就很困难。有许多打工者缺乏法律意识、证据意识，轻信他人口头承诺，不主动与企业主签订劳动合同，也有的打工者自己怕受束缚，不便于自己跳槽到条件更好的企业中去，所以不愿意与企业签合同。这样一旦与企业主发生劳动纠纷就很麻烦，权益也难以得到有效维护。

二、劳动合同有哪些内容

合法的劳动合同必须包括：劳动合同的期限、工作内容、劳动保护和劳动保障、工作时间和休假、工资报酬、社会保障、合同终止的条件、违反合同的责任。

只有签订了劳动合同，双方才算是真正确立了雇佣劳动关系。劳动合同也是你打工的基本保证，如果你真的和用人单位发生劳务纠纷了，它也是你通过法律手段维护自己合法权益的有效依据。因此，签订合同时一定仔细地看清楚它的各项条款，尤其是在工作时间、工资待遇、工作内容等方面一定要搞明白。如果你认为有些条款对你不利，或者你认为它不公平，都可以提出来。只有在对劳动合同的所有条款都认可后，你才可以签字，这样才不致因劳动合同而发生纠纷。

这里提醒打工者，劳动合同是具有法律效力的，一旦签订，对你和用人单位有同等的法律约束力，如果你自己心里没底，可以多听、多问或参看别人的合同。

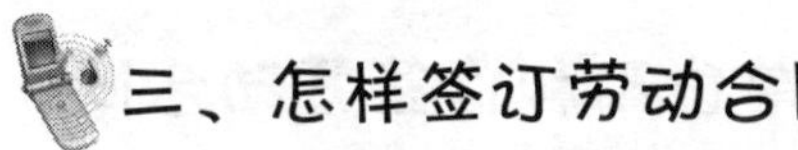

三、怎样签订劳动合同

签订劳动合同时应注意以下几方面：

第一，一定要签订正式的书面合同，并且要一式两份，用工单位一份，自己保留一份。书面合同可以使权利、义务规定明确具体，有利于合同的履行，一旦发生争议也有据可查。

第二，劳动合同字句要准确、清楚、完整、明白易懂，不能用缩写、替代或含糊的文字表达，避免签“不全合同”、“模糊合同”和“单方合同”。

第三，注意用工单位的合法性。在签订劳动合同时，应仔细查看企业是否经过工商部门登记以及企业注册的有效期限。否则，所签订的劳动合同是一份无效合同。

第四，试用期内也要签合同。有些企业在试用期内往往不与职工签订劳动合同，一旦试用期满，就找种种借口辞退员工。

第五，不要交任何押金。国家规定，用人单位在与劳动者签订劳动合同时，不得以任何形式向劳动者收取定金、保证金或抵押金。

注意，有的打工者因为不知道自己有哪些劳动权益，也不懂得《劳动合同法》的有关规定，签订了不利于自己的劳动合同条款。这也没关系，你照样要保存好你的劳动合同，因为当你一旦真的有问题需要诉诸法律的时候，仲裁、审理机构会根据国家的有关法律规定，废止你与老板签订的合同里的非法条款，这是国家对劳动者的保护。

四、用人单位不和你签劳动合同怎么办

如果用人单位不和你签订劳动合同怎么办？没关系。我国《劳动法》承认事实劳动关系。事实劳动关系就是劳资双方没有签订正式的劳动合同，但劳动者为用人单位工作了，用人单位也按月发给了劳动者报酬。《劳动法》规定，只要劳动者和用工方存在事实劳动关系，其合法权益就受到保护。所以，如果用人单位不肯和你签订劳动合同，那你平时一定要注意保留单位发给你工资时的凭据和其他能证明你在该单位工作的证据，这样你就不用担心到时有理说不清了，你的合法权益也同样会得到伸张。这是国家法律给你的第二道法律保护防线。

第6章 如何适应新工作

一、如何顺利通过试用期
二、如何快速融入新环境
三、试用期间怎样考察用人单位

当顺利通过面试，并与公司签订了劳动合同，恭喜你，你已经成为了职场中人，真正开始了你的打工生活。职场就像一个江湖，是江湖就有规矩，熟悉了解了这些规矩，能让你尽快地进入角色，适应新的工作。

一、如何顺利通过试用期

所谓试用期，又叫适应期，是指用人单位和劳动者为相互了解、选择而在劳动合同中约定的不超过 6 个月的考察期。目的是让劳动者和用人单位相互考察，以决定是否建立劳动关系。“试用”是双向的，用人单位“试”劳动者，劳动者也“试”用人单位，谁不满意都可以说“拜拜”。

试用期是一个很重要的磨合期和考验期，需要刚刚走上工作岗位的打工者多加努力，否则，一旦通不过，便会功亏一篑。那么，如何顺利通过试用期呢?

认真工作无论何时都是应该的，初涉职场认真工作就更加必要。

既然是初涉职场，单位并没有要求你来了就什么都会，而是期望你能够通过学习而掌握岗位技能。因此，这时单位对你的考察可能主要集中在两点，一是你的学习能力，二是你的个人品格。用心能帮助你尽快学到工作技能，适应岗位需要；踏实的工作态度和精神显然是任何一个单位都期望自己的员工所具备的。当然，在试用期内你如果能发挥出点个人特长，更容易给用人单位留下好印象。

（一）上班第一天

1. 事前准备：确认上班路线

在上班的前一天，选择好上班的最佳路线，既快捷又省钱的，上班的第一天切忌迟到。

2. 确定着装风格

设法先了解该公司员工的穿着风格，不要穿与公司风格格格不入的衣服去上班。如果上班需要换工作服，那么，自己穿去的衣服可以随意一些，但以简朴大方为好，不要过于花哨和暴露。

3. 见人先打招呼

可简单说“你好”，或点头微笑，给人留下懂礼貌与谦和的好印象。如果主管将你介绍给同事，要努力记住大家的名字，并且主动说“希望以后多多得到您的帮助”之类的客套语。

4. 了解工作职责

如果没有培训，第一天工作，主管可能会简单交代你要做的事情和公司的一些规章制度，应努力记好自己分内的事，有疑问或不懂的地方，一定要开口问。如果主管太忙，可以问身边的同事，但要把握问的时机和次数，在别人不太忙的时候插空问，同一件事不要反复询问。

5. 恰当使用称呼

对有职位的人，可用职务来称呼，比如“×主任”、“×组长”等，对没有职位、又比自己年长的人，可用“×老师”、“×师傅”来称呼，对和自己年龄相近或比自己小的人，可直接叫“小×”或名字。

6. 表现要主动

如果是办公室工作，听到电话铃响，要主动接听，接听的内容如果自己不懂，可找相关的同事来听电话。遇到你可伸手帮一把的事，要立即上前询问你是否可以帮忙，可以给人留下勤快的好印象。

7. 注意观察

除了做好自己分内的事，要留心观察工作场合的气氛、一天的工作流程以及部门里每个人的职责和工作内容，以便尽快熟悉工作环境。

（二）上班第一月

1. 第三天到一星期：进入工作状态

对于自己的工作内容和工作职责，要尽快熟悉。为了让自己能更容易进入状

态，除了多观察、多琢磨，多帮别人忙也是个不错的方式。

2. 第二个星期：把握工作流程

确认工作内容都已熟悉，一些基本技能也已初步掌握，工作上要使用的专业用语也都已经熟记。除了自己所属的部门，也要尽力去了解其他部门的工作性质及内容，使自己大致了解单位的情况。

3. 第三到第四个星期：掌握工作技能

这两周你要着重学习具体的工作方法和工作技能，每天下班时总结自己已经会的和还须学习与改进的，在第二天的工作中弄懂前一天没掌握的事，争取一天比一天有进步，一天比一天更从容。

4. 第四个星期以后：力争工作独立

一个月后，你应该熟悉你的工作环境和工作内容，无须处处让人指点，力争开始独立工作了。

以上只是原则性的提示，具体的适应过程要看你具体从事的工作，比较好的方法是询问比你早一些到单位的、为人又比较热情的同事，根据他们的经验，给自己制定一个适应的时间表，然后按此去做。可以将自己应该学会的事一条条记下来，然后每天检查哪些已经通过，哪些还需努力。这种方法清晰明白，目的明确，有助于你尽快成为合格的新职员。

二、如何快速融入新环境

一些新人上班以及换工作后，总有一种被排

斥的感觉，仿佛做了插班生。其实，被“欺生”的感觉，有部分可能是你对客观现实的反应，而更多的可能来自你自己的主观心理作用。如果你自己的心理承受力比较差，适应能力较低，你的感觉就强烈些。

因此，新员工不要为此过多地焦虑，主动从自己身上找原因，遇到问题不要推卸责任，多做事、少说话。相信通过不断交流、主动沟通，都能成为你新集体里受欢迎的一员。

（一）尊重老同事

在日常交往中，新员工不要将自己“裹”在壳子里，适当地向同事敞开心扉，这也是对他人的尊重。譬如业余时间，大家在一起谈论成长经历时，不可避免要互相了解“你是哪的人”、“什么毕业的”等诸如此类的事。如果你想参与到这种愉快的聊天当中，不要对自己的相关信息“守口如瓶”。尽管你的出生地可能是一个偏僻的小乡村，尽管你只是初中毕业，这也没有关系，因为在人际沟通中有一个非常重要的“对等原则”，就是别人对你袒露相关的个人资料，你在接受以后，也要尽可能提供给对方相应的信息，这样才能拉近彼此的距离。

当然，和大家在一起闲聊时也不要信口开河。有时，你可能无意中贬低了你曾经去过的一个地方，而这个地方又恰巧是某位同事的故乡。每个人都有故乡情结，由此，这位同事可能会对你形成不易解脱的“心结”。

（二）勤勉行事

有的新员工不屑于从琐碎的事情开始做起。别小看打水、扫地、擦桌子，许多人习惯从这些小事中品人。新人如果扎扎实实坚持做这些“小事”，势必能很快融入新环境。当有一个新项目或者新机会时，大家也会首先想到与那些善于做小事的新同事合作。有了共事的机会，就有了彼此建立信任关系的开始，也有了展示自己才华的平台，你与大家融成一片也就为时不远了。

另外，领导在安排工作的时候，常常安排新员工加班，可能是在晚上，也可能是在周末。而对于一些新员工而言，双休日可能是与自己的亲人、同乡聚会、购物、处理个人私事的唯一时间，所以往往在早早就安排好了，而一旦被通知周末加班，就会大有失落感，有的人甚至产生抵触的情绪。新人对加班的理解，首先要想这是得到了一个快速提高工作能力的机会，是领导的器重，这样就会以积极的心态、感恩的心情高高兴兴地去面对。实际上，加班确实真有这样的效果，对于经常为单位辛苦加班工作的人，别人常会多一重尊重，自己在其中多学一些业务本领，很快由生手变熟手也是必然的。

（三）不惧怕批评

不要斤斤计较他人的评点和误解。在工作中，每个人都会犯错误，尤其是新人，由于业务不熟练，社会阅历比较少，常常比一般人更容易出错。有些心理承受力比较低的人，也许因为一个善意的批评，就认为丢了面子，就没有发展前途了等，从而耿耿于怀。其实，这是自我意识过强的表现。而许多新员工都常有这样的感觉，即越是担心出错，越错误不断。这样极易产生焦躁心理，甚至影响到你与周围同事的相处。正确的处理方式应该是，坦然面对自己的错误，感激向你提意见的人，将其视之为对你负责任、帮助你进步的表现，诚恳地向其求教，把坏事变成好事。反之，如果总是推脱自己的责任，千方百计找客观原因，就会给人留下不成熟和难以承担责任的印象，别人要么以后更加注意和指责你的缺点错误，要么拒你于千里之外，不再理你。这样都不会使你很好地融入新的集体。

（四）不乱发表意见

在一些单位，大家在工余时间聊天的时候，容易有意无意地评点不在场的人。此时，新人不可退避三舍，坐下来听听，是不会给自己惹来“杀身之祸”的。但要注意的是，千万不要轻易发表自己的观点，更不要将一些信息传给不在场的人。否则，会给大家留下“新来的女孩子怎么这么是非”的不良印象。因为在人们的意识中，老同事在一起工作时间长了，相互间难免有摩擦，即便有什么矛盾也属于正常现象。但是对于新人就不同了，大家不会这么宽容。因为你毕竟来的时间短，阅历又比较浅，一来还不具备评说别人的资格，二来在别人看来你还应该是一张白纸，不该过早地涂抹上乱七八糟的东西。

有的单位还非常注重员工的合理化建议，作为一个新员工，如果你对工作流程和工作环境还不十分熟悉，也不要贸然评点，否则，尽管你的出发点是好的，希望工作变得更加科学、合理，但是由于你缺乏较高的视点和相应的调查研究，你的建议很可能伦为不负责的“乱弹琴”，这样的人在单位也易遭排斥，非常不利于你在这个单位的长期发展。如果领导实在要你发表自己的观点，你不妨先做一个小小的调查，然后再提一些建设性的意见，而千万不要没有根据地乱批评。

当然，要很快地融入新的集体，在新的集体里有分量，最重要的是个人的业务技术能力过关。如果你的业务能力和工作业绩能够和其他人一样棒时，你就有了和大家平起平坐的资格，你也会变得自信、自如，不再有单位新人的感觉。

◆职场新人8条“军规”

很多职场新人由于经验不足，面对的事情很多，常常表现出无所适从。其实，简化处理，遵守以下8条君子之规就可以了。

第1条，不要过于表现自己，否则容易招致别人反感，单位也未必喜欢这样的员工，尤其是在需要团队协作的单位，即使你很优秀也未必能留

下。

第2条，为人谦和、礼貌。无论碰到谁，都主动与别人打招呼。但不能谦和到低声下气，让人以为你毫无自信。

第3条，凡事主动点。比如主动接听电话，忙完手边的事，可主动询问比自己资历长的同事或主管，还有什么事需要自己做。千万别闲着，一副无所事事的样子。

第4条，早来点，晚走点，主动做些打水扫地之类细小的琐事和班前准备、班后扫尾工作。

第5条，对领导吩咐的事，不要拖拉，立即执行。不要把领导对工作的批评指导当作心理包袱，而是看作对自己的期待，自己更要努力上进。

第6条，对“前辈”要尊敬，对同辈谦

和，不介入是非漩涡。

第 7 条，注意小节。比如保持自己工作区域的整洁，上厕所记得冲水，讲话别太大声，等等。

第 8 条，上班不做私事。不要聊闲天，不看与业务无关的书刊，更不能煲电话粥，或在网上聊天。

◆小心跌入试用期陷阱

当你满怀信心，自以为得到某个单位的职位或试用机会时，也许不小心却掉进了一个陷阱——试用陷阱。试用陷阱最易发生在一些个体企业或“皮包公司”里。

这里为你支几招破解试用期陷阱。

陷阱一：优厚条件诱人，只为骗取“入职费”

骗术：

1.用高薪和解决户口等种种条件诱惑你，使你对这个公司形象产生良好感觉，并有迫切加入该公司的愿望。

2.为掩人耳目，会有反复的初试、复试，让你有公司很正规的错觉。

3.等你对加入该公司产生了迫切的愿望，并在心里认为加入该公司很不易后，对方会以交纳培训费、置装费、建档费、风险押金等各种费用为由，要你交纳一定费用。这些费用的金额在400~800元不等。

对策：

1.注意观察公司的环境：办公所在地是租来的，还是公司自有的——这是考察一个公司很重要的一点。

2.要你交钱时，不当即支付，找个借口拖延，以便继续观察或想想。

3.现今网络技术发达，信息十分畅通，当你不确定某个企业是否有欺骗嫌疑时，上网查询。一般而言，以欺骗为目的的公司，或多或少都会被当地媒体曝光过。

陷阱二：以“试用”为借口，获取廉价劳动力

骗术：

1.主要有两种形式，一种是试用期结束后以各种理由告诉求职者是不合格的，公司解聘也是无奈之举；另外一种就是无故延长试用期，说好的两个月，再延长两个月，可几个月的卖力表现最终换来的还是解聘。

2.利用试用工和正式工福利、待遇差异，频繁招工、无休止“试工”来获得廉价的劳动力。

对策：

这类陷阱最让打工者无奈，无论干好干坏，最后人家总有理由解聘你。而试用期长短一般都是用工单位的口头承诺，明知被骗了，没有证据有理也说不清。不过，劳动合同法规定，劳动合同期限三个月以上不满一年的，试用期不得超过一个月；劳动合同期限一年以上不满三年的，试用期不得超过两个月；三年以上固定期限和无固定期限的劳动合同，试用期不得超过六个月；以完成一定工作任务为期限的劳动合同或者劳动合同期限不满三个月的，不得约定试用期。并且，同一用人单位与同一劳动者只能约定一次试用期。如果用人单位要求的试用期超过了国家规定的期限，你就要小心了。

◆试用期工资不得低于正式工资的80%

为了防止有些用人单位滥用试用期，劳动合同法规定，劳动者在试用期的工资不得低于本单位相同岗位最低工资或者劳动合同约定工资的80%，并不得低于用人单位所在地的最低工资标准。

 三、试用期间怎样考察用人单位

试用期是一个双向考察磨合的过程，用人单位可以考察新进人员并决定是否留用，新进人员也可以考察用人单位并选择辞留。那么，打工者

如何考察用人单位呢?

1. 查看用人单位历史

一般来讲，公司会在试用期的最初几天对新人进行初步的培训，这是对公司正面了解的极好机会。培训主要是讲解公司文化及历史、公司制度(例如行政管理制度，业务操作制度等)，部分工作的业务流程等。在培训期间，打工者要多问，并且保存注有公司承诺的书面材料。

2. 听老员工的评价

听听不同的同事对领导、对工作、对工资待遇等方面的评价。同事们工作久了，对公司了解更深刻，他们的评价会体现公司的价值观，是非常有用的参考。同时，还要听其他渠道反馈的信息，包括公司的客户、竞争对手、关联单位等。一个有魅力有价值的企业是值得它的竞争对手尊敬的。

3. 看用人单位现状

看看企业领导是否公正、公平地对待工作及下属，对公司的发展是否有脚踏实地的计划，有没有凝聚力，职位安排上是否任人唯贤等；看单位氛围，员工是积极工作还是消极散漫，团队是否团结一心、乐于帮助新人，同事之间有无拉帮结派现象；看工作内容能否发挥自己的才干，公司的内部管理制度是否明确并被严格遵守，有无学习培训的机会；工作环境是否稳定，待遇是否满意，等等。

4. 考虑有无个人发展空间

考虑该单位是否符合自己的职业规划，能否提供公平的晋升空间，自己是否真的适合在该单位工作。

通过以上几个步骤的考察和自己的深思熟虑，你就可以决定是否留在该单位工作了。如果决定留下，那就把自己全部的热情投入到工作中去，努力工作，在为企业作贡献的同时寻求个人的发展；如果觉得自己不合适在该单位工作，那就应该在试用期尚未结束时辞职，不要勉强过了试用期后再辞职而付出无谓的辛苦甚至高额的违约金。

怎样晋升为优秀员工

一、有娴熟的劳动技能
二、与同事融洽相处
三、尊重领导完成任务出色

被一个单位正式录用了，首先要成为一名合格的员工，你才能站得住脚。胜任自己的工作，遵守单位的劳动纪律和各项规章制度是合格员工的起码要求。此外，与周围的同事融洽相处也必不可少。如果在这些方面你能做得出色，处处走在前列，获得上上下下的肯定，还可能成为一名优秀员工。一名优秀员工是企业的中坚力量，在单位里会有更好的发展前景，个人收入肯定也会与其他员工不同。一名优秀员工需要具备哪些条件呢？

一、有娴熟的劳动技能

优秀员工不仅要具备岗位需要的劳动技能和工作能力，还应该有较高的劳动生产率和工作业绩。那么，怎样尽快提高自己的业务技术水平和能力，成为工作上的熟手呢？

1. 岗位练兵

王淑花今年 28 岁，是杭州商辂丝绸有限公司的一名挡车工。她初中毕业就跨进杭州商辂丝绸有限公司，做了一名最苦最累的挡车工。进厂后，她勤学苦练、掌握了一整套过硬的技术本领，全年生丝品位平均达 5A 级。2004 年 11 月，在参加全国缫丝工职业技能总决赛中王淑花获得挡车工第五名的好成绩，被授予“全国技术能手”荣誉称号。2008 年她又被浙江省推荐为全国优秀农民工候选人。

像王淑花这样的学历不高，成为业务尖子和生产能手的人有很多，她们成功的秘诀是，“干一行、爱一行、钻一行、精一行”。在工作岗位上苦练基本功，积累行业经验。行行出状元，只有我们不怕吃苦，用心学习，要不了多久都能够胜任工作。如果能持之以恒，进一步修炼“武艺”，成为行家里手也不成问题。

2. 业余自学

利用业余时间自学，是岗位成才的一个主要方式。

5 年前，初中毕业的张斌进入一家计算机系统工程有限公司工作。公司的名气听起来不错，但张斌的工作就是个网络工程布线工。布线工是项技术含量较低的工作，但随着现代建筑越来越智能化，布线也有了普通布线和智能化楼宇布线的区别，而后者包括的工作内容相当广泛，对技术的要求也相对较高。刚开始时，张斌每天按照师傅的吩咐忙这做那，知其然不知其所以然。网络工程布线工作有时辛苦，有时清闲。张斌是个有心人，在工作时勤勤恳恳，一丝不苟；当不忙时其他人都休息了，他还在仔细地琢磨自己的工作，或跟师傅交流，或向搞电脑技术的工作人员请教，自学电脑等。此外，他对自己手里的每一个活儿都精益求精，力争做到第一流。功夫不负有心人，现在张斌已经参加了十来个智能楼宇的网络工程布线，他的技术在圈内知名度越来越高，他的收入也随之增长，每月达到了六七千元。

这不是梦，现在在城市建设的各个岗位上，有多少农民工在发挥着领衔担纲的重要角色。要想在工作上有所突破，走在众人的前列，必须比别人多付出努力。每一个岗位新人养成努力的韧性，都可以走向成功。作为打工者，没有更多的条件去消遣，不如把精力多投入到工作上。利用业余时间自学，可以买专业方面的书籍来看，也可以向业内人士请教，还可以参加一些专业技能培训。

总之，要想学好业务技术许多大门都是敞开的，只看你是不是去做。

二、与同事融洽相处

无论你在什么地方工作，同事都是你每天需要面对的，也是你的合作伙伴，与他们建立融洽和谐的关系是企业的要求，也是你自己在单位立身的需要。一个具有良好的沟通能力，处处受欢迎的人，比只知道干活不与人交往的人，职场的路一定会走得更顺畅。与人相处也是一门艺术，同事间相处要把握以下原则：

1. 真诚相待　人和最重要

和任何人相处，真诚都能为你赢得信任与好感。让同事感受到你的真心与诚意，许多事情都会变得简单明了，即使发生矛盾，彼此也更容易谅解。

同事之间，可以用以下方式表达你的真诚：

（1）微笑。微笑的作用无可估量。即使是一位你叫不上名字的同事，微笑也能立即拉近你们的距离；微笑还是“通行证”，可以让你在寻求帮助时顺利得到；最后，微笑还是你的个人“标签”，人们一想到你，都会同时联想到你常挂在脸上的微笑。总是微笑的你，给人一种亲和力，使同事更乐于与你打交道，愿意帮助你。

（2）倾听。用心倾听同事的讲话，不管他是说工作状况还是家务私事，你都表现出认真倾听的态度，同时用关注的神情传递你的同情与理解，但注意不要随便发表议论，使用耳朵比使用嘴更能表达善意，也更安全。

（3）把赞美送给别人。发现同事身上的优点，可以毫不吝惜地给予赞美。可以赞美同事的穿着、办事的效率、性格，等等。当然赞美要发自内心，不能让人感觉你口是心非，也不能夸大其词，让人感觉你是故意讨好。

（4）不记“隔夜仇”。同事之间免不了发生摩擦，但无论前一天发生什么摩擦，第二天见面的时候都该和对方打招呼，或者主动找机会和对方沟通。因为同事之间的摩擦，大多是为了工作，并非原则问题，你的宽容和诚意会赢得对方的谅解和好感。

（5）适时适当地伸出援助之手。同事有什么难处，你应该尽力相助。如果吃不准他的态度，可以先询问他是否需要帮助，再见机行事。

2. 适度交流　不做圈外人

别以为只要埋头工作就是个好员工，如果你忽视和同事的交流，等到有一天发现自己被排斥在同事圈子之外，就很难受了。所以，花点功夫和同事交流对你是必要的，也是非常有益的。

（1）每天留出一定的时间进行工作以外的交流，可以利用上班前和下班后或工间休息时间，问候一下你的同事，或者闲聊几句。别小看每天这几分钟的投入，日积月累，可以让你和大多数同事建立起友好的关系，有时还能获得对你有用的信息呢。

(2) 制造一些机会和大家一起外出。如果有同事提议下班后或周末聚会，一定要积极参与。偶尔大伙一起吃顿午餐，也是同事们相互沟通了解的有效途径。和一些女同事相约去逛逛街，吃点小吃，也是增进感情的办法。

(3) 偶尔买点小礼物或带点零食分送周围的同事，联络感情，活跃气氛。

3. 保持中立　莫议他人长短

有些单位的人际关系比较复杂，各种派系或明或暗地相互较量，为了防止陷入是非漩涡，有效的办法是从一开始就尽力保持中立。

(1) 当你还不了解情况时，最好先对是非保持沉默，独立观察和思考，看清形势再做决定，千万别急着给自己归队。

(2) 一旦你觉察到有人在明争暗斗时，要立刻提醒自己小心。遇到敏感问题，言行一定要低调，不要随便发表看法，笑而不语是最好的回应方式。

(3) 不议论别人的短长，更不要传播是非。因为一不小心，你可能被人利用，成为“放话”的人。听到别人对你的议论，也不要立刻发表过激言论。聪明的方式是淡然处之，将更多的精力用于做好自己的工作。

(4) 对你不想参与的事，委婉地说不。对于某些明显的不正当的活动，你可以找各种借口拒绝，在同事中树立起“这人只知工作，不问其他”的中立形象。

(5) 当你还是新职员的时候，闲着没事不要到领导面前去转悠。因为同事的眼睛是雪亮的，对领导过于亲近，往往会使你在还没有成为领导的心腹之前就成为同事共同的敌人。

4. 注意分寸　别当自来熟

工作了一段时间后，和同事基本都混熟了，你可能会比较放松，不再像最初时那样小心谨慎，但在某些地方，仍然需要注意分寸，不可随心所欲。

(1) 无论你和同事多熟，也不要打听别人的私生活。即使对方提到自己的私人事情，比如，婚姻、恋爱、房子、车子之类，你也不要追问细节，过分“关心”会使别人感到不自在，也容易对你产生戒备。

(2) 注意不要参与带“色”的交谈。工作场合大家可能会相互开玩笑，但要注意不要开黄色玩笑。如果有男同事好说黄话，你千万不要应和，表现出无所谓的样子，这样可能鼓励他们更加肆无忌惮。你可以转移话题，或直接说“以后不要开这种玩笑，我不喜欢”。自己说话时，也要注意言辞和表情，别让男同事认为你是在故意挑逗。

(3) 不当众指出同事的缺点，也不要对同事的兴趣、爱好和习惯表示出否定态度。

(4) 借用同事的东西，应该按时归还。别以为你和对方关系不错，或者只是小东西，不用过分在意。最好不要向同事借钱，如果借了，那么一定要准时还。

(5) 未经许可，不要随便翻阅和拿同事的物品，这是尊重别人的起码表现。在你看来可能是小节，别人却可能认为你没有教养。

三、尊重领导　完成任务出色

练就业务本领，与同事建立和谐关系，最终都是为了搞好工作，完成和超额完成企业订立的工作目标或上级领导安排给你的任务，个人也能够在做好工作的同时，逐步得到提升、发展。

如果你只是一个工厂里的基层员工，从事操作性的工作，每天的工作又有明确的量化指标，完成任务就会相对简单些，只要勤奋地工作基本就可以做到。但是假如你所在的是经营性的企业，规模又不大，或者你是在工厂里工作，但是所从事的工种不只是简单地操作，还要涉及其他方面关系，完成任务就不是那么简单的概念了。这里面会出现许多不确定的人为因素和软指标，有时领导意图和领导的评价在里面占了相当的成分。

所以，在勤奋工作的前提下，你也要掌握一些与上司打交道的方法，来确保自己工作的顺利完成和创造最佳的业绩。

与上司打交道应遵循以下几条原则：

1. 以工作赢得上司的信任

最挑剔的上司对将工作做得无懈可击的员工也会网开一面。对于一个参加工作不久的人，突出的工作成绩和良好的人际关系是你升迁的第一个台阶。和领导的关系，最好等到领导因为你的工作成绩而注意到你的存在的时候，再去和领导适度沟通。不要刻意亲近，也不要故意疏远。刻意亲近不但会引起同事的猜忌，也会让上司产生戒心，以为你是阿谀奉承之辈。故意疏远会让上司觉得你太过高傲，难以领导。

也许，和与同事相处比较，与上司打交道可能让你更为紧张和不知所措。其实，如果你只是一个基层员工或小职员，在努力做好工作的前提下，和上司打交道比跟同事相处更简单。

2. 准确领悟上司的意图

千万不要南辕北辙。上司布置工作时，要仔细倾听，有疑问时，要等上司说完之后再提出，不要随意打断。有时候，对上司的意图理解不透的话，最好直接去问而不是背后揣摩。

上司交办的事，也一定要无条件地照办。即使有时要求很苛刻，你也要努力去做，实在无法完成，再去和上司实事求是地说明你的困难，同时一定要告诉他你已经试过了，这样容易得到他的理解。如果一开始你就意识到上司的方针或指点有错，也不要马上反驳，而是等事情发展到一定程度，错误的后果有所显现时，再找合适的机会委婉地提出来，同时还要尽力找客观的理由作为台阶，这样他就能心知肚明，改变他的想法，同时也对你多了一份信任。

3. 任何场合都要对上司表现出尊重

即使是开明的上司也很注重自己的权威，都希望得到下属的尊重，所以不管上司是比你年纪小，还是在单位的资历比你浅，你都要保持一个下属应有的尊敬态度。即使和上司私人关系不错，在工作场合、工作时间里，也不要表现得过分随便，如勾肩搭背，随便拍肩膀，不称呼职务直呼姓名，甚至绰号等。

另外，任何时候都不要对上司的错误表现出幸灾乐祸，即使是你不喜欢的上司，这也包括不在同事面前流露对上司的不屑，以免哪天传到上司的耳朵里，对你不利。更重要的是，上司也是人，难免犯错，设身处地为他想想，就会有同情之心。

4. 和上司交往最好限定在工作层面

不要试图和上司做亲近的朋友。因为一旦成了朋友，你可能对他太过随意，让他在某些时候觉得尴尬甚至难堪，难以面对别的下属，反而想因此而疏远你。日常交谈也应以工作为主，偶尔涉及到私事，也要尽量简单带过。

赞美是人际关系中屡试不爽的武器，对上司也不例外。可以在适当的场合赞美上司，把你们部门获得的奖励功劳归于上司。不过，赞美时要选择合适的词汇，不要太过肉麻。

5. 不要不合时宜地打扰上司

工作中出现问题，可以随时请求上司的帮助和指导，只要你态度诚恳，不必担心会惹烦上司，反而会给他留下虚心好学的好印象。

如果一段时间内，你对自己的工作感到困惑，也可以找合适的机会跟上司谈谈。你坦白地说出你的问题，表明你是想把工作做得更好。但是，最好不要在他很忙时不合时宜地打扰他。也不要没完没了地向他抱怨和发牢骚。

6. 对上司有意见最好直接沟通

如果对你的顶头上司有意见，最好直接和他沟通，不到万不得已不要越级反映，向你上司的上级或老板告状，否则很可能使你陷入难堪的境地，进一步遭到刁难和排挤。

如果不慎得罪了上司，或与上司发生了冲突，也不要过分忧虑。不是有这样一句话："大人不计小人过"，一般来说确实如此。你主动地伸出"橄榄枝"，如果是你错了，你就主动认错，找出造成自己与上司分歧的症结，向上司作解释，表明自己以后会以此为鉴；假若是上司错了，你可以找个机会，把自己的想法与对方沟通一下，同时检讨一下自己一时冲动或方式不妥的原因。无伤大雅地请求上司宽宏大量，一般都会得到上司的谅解。

把握以上原则，相信你会处理好与你上级领导的关系，从而为自己创造良好的工作氛围，促进自己的成长和进步。

小贴士——

◆职场里不受欢迎的10种举止

在职场里，有些言行举止非常不受待见，但

是这些人往往自己看不到，希望你以此为鉴：

(1) 碎嘴婆。喜欢在工作场所交头接耳说花边消息，谁的裙子上有个洞，谁昨天与谁出去玩了数她最清楚。

(2) 爱抱怨。芝麻大的小问题也能让她神经紧张，老是以为自己干了吃力不讨好的事。

(3) 懒人。从来不打开水，但喝开水跑得最快的便是她，还暗自为自己占了便宜而窃喜。

(4) 总要男士请客。中午同事出去用餐，按理说男人是不该吝啬的，但这并非等于你是女人便总可以提要求。

(5) 丢三落四。有的人工作马马虎虎，不是忘这就是忘那，总让下一道工序的人给她“擦屁股”。时间长了，谁也不愿意与其合作。

(6) 打情骂俏。有的人说话嗲声嗲气，如果是打情骂俏那就更让人受不了了，旁观者无论是男是女，都会起鸡皮疙瘩。

(7) 浓妆艳抹、衣着暴露。办公室不是T形台，你的露背装让男同事分神，老板可不喜欢。

(8) 装“纯”。有人爱装小女生，一口一句“好可爱哟”，听起来让人喷饭。

(9) 媚上欺下。有的人笑脸只对一种人——上司，而对其他人，连看都不看一眼。

(10) 自以为是，霸气十足。自诩为老板的心腹，惯以“二老板”自居。其实，谁不清楚她也是个每月拿七八百元的主儿。

第8章 如何对待“跳槽”

一、什么时候“跳槽”合适
二、你凭什么去“跳槽”
三、漂亮走好离职五步棋
四、切忌频繁“跳槽”

国家劳动和社会保障部的“第一次就业调查”结果显示：半数人第一次选择工作时是盲目的，有33.2%的人是“先就业后择业”，而16.3%的人“没有太多考虑”就跟着感觉走选择了第一份工作。就业后一年内，有一半的人换了工作；两年内，有近3/4的人“跳了槽”。

在现今这个一切都处在变化中的社会，没有绝对稳定的职业或绝对稳定的福利保障。如今的年轻人就业后，职业一直都没有变化过的很少。

如果工作了一段时间，你认为你的工作不是很稳定，可以把自己作为临时员工或为自己打工的角度考虑，一边工作一边寻找下家，有机会就“跳槽”发展。但是，“跳槽”也有学问，跳得好可以步步升级，帮助你快速成功，跳不好也可能工作一个不如一个，让你前功尽弃，耽误了自己的前程。

一、什么时候“跳槽”合适

一般一年左右的职场人士“跳槽”最为频繁。因为他在选择一个职业的时候，通常没有确定未来在哪一个行业发展，所以有一个选择的过程。另外，工作了5年以后，大多数职场人士的经验得到了积累，职业发展方向确定，面临职业发展的现实问题，会有“跳槽”的念头或行动。

通常四种情况下可以“跳槽”，改变一下自己的现状。

1. 遇到新的发展机会

(1) *受高薪、高职位吸引。*受高薪、高职位吸引是“跳槽”的最大原因。如果碰到新的机会，潜在的新雇主能够给你提供职位上的升迁、较大的薪酬涨幅、良好的职业发展前景或工作环境、能进入你仰慕已久的大企业等，都可以成为你“跳槽”的理由。如果碰到是“猎头”找上门来，那更是可遇不可求的。

(2) *受新行业诱惑。*如前几年IT行业比较火的时候，人才的需求量比较大，很多人转到这个行业里去发展，不管是否喜欢和热爱这个职业。

(3) *受理想的召唤。*每个人都有自己向往和喜欢的职业，但是因为各种各样的理由过去不能如愿以偿。一旦有可以跨进这个行业的机会，许多人都不肯放弃，即便初涉该行业可能导致工作环境、待遇不如从前。

如果你也遇到以上情况，不妨大胆试一下，或许你的职业生涯将会是另一番风景。

2. 个人遇到职业倦怠期

一个人从事某一职业或在一个企业呆久了，都会出现间歇式的倦怠感。这种倦怠感可能由以下情况导致：

(1) 觉得自己现在所从事的工作枯燥，没有太大发展空间，并且看不到企业对你职业进一步发展的计划和行动，感觉前途迷茫。

(2) 对自己的工作熟悉到闭着眼睛都能做的程度，从工作本身、主管、周围同事那儿已学不到新的知识和经验，感觉工作缺乏挑战性，丧失了对工作兴趣和热情。

如果一个人长期对工作倦怠，可能表明你在该企业的职业生涯已走到了尽头。如果此时你仍有年龄上的优势，且尚有一点“野心”或“进取心”的话，不妨主动采取行动，另谋职业。

3. 迫于工作生活压力

(1) 你的居住地点迁移，在原单位工作实在不方便；或生活发生重大变化，如购房、结婚、养育孩子、子女上学等导致你目前的收入没法维持你正常的生活水平，你的生活质量正在不断下降，而此时你仍有能力寻找到一份报酬更丰厚的工作。

(2) 工作压力、负荷长期过大。当你的工作负荷和压力长期得不到解脱，影响了你的身体和精神，那么，你应该在最后危机到来前，赶紧换一份工作。

4. 个人利益或价值观与企业发生冲突

这种情况可能由于以下几个原因：

(1) 你的价值观与你的企业文化格格不入。当你个人的价值观与企业的文化、企业的价值观存在较大的差异时，你必将会被公司老板或主管看成是“异类”，你良好的工作态度也会消失。

(2) 你的企业经营面临着巨大困难。企业的销售、利润正在下降，客户不断流失，围绕企

业的关闭、倒闭、被收购的谣言充斥着企业的每个角落，你的同事、好友已开始在寻找工作了。

(3) 你的企业正经历着道德上的挑战，不断生产劣质产品、延误交货期，向代理商、客户、供应商说谎或从事不道德的商业竞争活动。此时，你不应该把自己交给一个不崇尚商业道德的企业。

(4) 你与主管的关系紧张，而你无论做出怎样的努力都无法弥补，或不知什么原因你被企业锁定为“负面人物”，工作越来越不合拍。不管过错是在哪一方，你都很难再在这个企业内体面地工作下去。此时，换一个单位以全新的形象去工作，比在这里努力去扭转别人印象来得容易些。

二、你凭什么去“跳槽”

俗话说，水往低处流，人往高处走。“跳槽”也是职场人职场发展的重要手段，成功的“跳槽”应该是要么收入比以前高，要么专业发展前景比以前好。原地打转转的“跳槽”基本没有什么意义。但是，你想“跳槽”，新的机遇是否青睐你，这就要看你有多少“跳槽”的资本了。

1.“跳槽”的四个资本

通常“跳槽”一看知识、二看技能，三看经验，四看年龄。这四项是寻求新工作的最大砝码，你这四个方面的条件越好，你越能竞得好职位，获得高薪报酬。

资本一：知识

收入的差别是随着知识能力的提高而增长的。据调查，每多接受一年的教育，平均年薪就会增加 8.3%。而高学历者最大的优势就体现在知识方面。

资本二：技能

哪个企业都欢迎有技能的人，技能越高，其薪资的竞争力也就越强，受聘的机会也越多。

资本三：经验

随着年龄和工作经验的增长，薪资水平也会递增。不少企业都不愿意聘用应届大学毕业生，而要求应聘者有两年以上工作经验就充分证明了这一点。

资本四：年龄

现在招工招聘中年龄很重要。有时前三样你都比较差，但用人单位考虑你年轻，可塑性比较强也会录用你。但是记住，青春饭只能吃那么几年，如果在工作初期的几年内你没有学到什么技术，知识、经验也停留在原来的水平上，以后再就业就会增加许多难度。

2. 个人资本与新岗位的契合度

仅有高学历、高技能、丰富的经验还不够，你所具备的专业知识、技能和经验必须和应聘的

职位相契合才有用。比如，一个医药专业背景的人和计算机背景的人同样应聘医药代表，前者自然占有优势，而后者可能都不被认可。经验可以完全对口，也可以是间接的。例如，你做过服装销售，那么你的销售经验也可能在其他商品的销售上派上用场。但是，如果你是做服装设计和加工的，不擅长和人打交道，“跳槽”去做销售就可能不太合适。假如你一直在做技术工作，从来没有管过人，那么你要“跳槽”到管理岗位，应聘的成功率也不高。应聘只是第一步，即便用人单位看中了你其他的才华，录用了你，将来你自己能否胜任工作，把工作做好也是个未知数。这就增加了“跳槽”的风险性。

所以，在做“跳槽”准备时，首先要分析自己的长处和能力是什么，然后与你要去单位的条件做比较，看看自己拥有的知识、技能、经验在新单位里会处于一种什么状态、位置，如果你处于优势，一般来说就会有一个好结果。如果你是转换行业，更要仔细地分析自己的经验、技术和能力与准备做的行业是否有契合点，哪些可以转换用到新工作中去。如果两者有大部分契合，那么不妨大胆一试。如果两者没有什么相契合的地方，而差距不是通过短期培训或者个人努力就能达到的，那么乘早放弃“跳槽”转行的念头。

事先没有把自己的能力和新工作分析透彻，一时冲动或者有个机会就贸然“跳槽”，对职业生涯的发展来说是非常危险的，很可能连适应新工作都困难，更别说成功提升了。

所以说，有了一定资本再去“跳槽”是最佳

选择，这样你才能真正在职场上芝麻开花节节高。

三、漂亮走好离职五步棋

就要离职了，如何对主管说这件事，要提前多长时间说呢？如果主管不同意你离职，该怎么办？何时将自己离职的事告知同事，该如何告知？

每个人的职场生涯多少都会遇到离职的情况，但是要走得漂亮，留下好名声，需要思考周全，甚至步步为营。

1. 提出离职的方式

许多人辞职时，仅利用电话或是电子邮件的方式向主管提出辞呈，这种不尊重主管的辞职方式，其实是职场上的大忌。

使用电话与电子邮件，通常是为了简短的通知或是确认。然而，离职不仅只是一个人去留的问题，而是关系到部门，甚至是整个公司的运作。因此，提出离职时，应该要很正式地与主管约时间，然后面对面地向主管说明离职的原因、预计的时间，以及目前业务进行的状态，帮助主管安排业务交接。

2. 提前多久提出离职

在公司规定的期限前提出离职申请。这是善意离职的第一步。

资历越久或是职位越高的人，需要交接的事情也较多，所以提出离职的时间点也要比公司规定的还要提前，让部门同事有更充裕的时间办理业务交接。

别忘了，在计算业务交接的时间时，除了日常的业务，还要考量一季度或是一年才会碰到的突发性业务，这些经验交接所需要的时间，都应该事先被纳入你的离职计划。

另外，最好选择在你负责的项目结束，或是部门内已经有人可以接手你的业务时离职，可以降低对公司的冲击，也为自己留下一个自始至终都负责的印象。

3. 如果单位不同意离职怎么办

通常有两种状况。第一种状况是你平常虽然表现不好，但是主管碍于业务尚未完成交接，或是还没找到可以接替的人，而暂时不批准离职。另一种状况是你的表现很好，主管希望挽留。

前者，只要业务交接顺利，通常主管不会再为难。如果是后者，你已经做好非离职不可的决定，而主管却又强力挽留，那建议你，一方面向人力资源部门提出正式离职的申请，开始进行业务交接的动作，并准备办理离职手续。另一方面，再找机会，很正式地向主管表明自己离职的决心，并且告知已经在办理业务交接。如果你已经负责任地沟通以及办理交接，主管还是不同意离职，那么只好委请人力资源部门介入协助。

4. 如何将自己离职的事告知同事

如果是有业务来往的下属或同事，应该在提出离职时就正式地告知，让合作的同事可以开始调整工作分配与业务承接。如果是没有业务来往的同事，为了避免影响其他人的工作心情，就等到对方询问时，再行告知即可。

要特别提醒的是，如果是要转职到相互竞争的同业工作，建议善意地隐瞒下一个工作去向，避免动摇同事对公司的信心。回答可以是尚未决定下一个工作，或是还在等待通知。

5. 离职要做的事与不要做的事

离职时，应该列出业务的交接清单，请接任的同事与主管确认签收。找主管签收的目的是协助你再次确认是否有业务忘记交接。

接着，留下联络方式，以及合适联络的时间，让同事或主管可以在适当的时间与你联络遗漏的交接事项。

最后，你应该发一封感谢函告诉同事或客户你要离职，并附上业务接任者的简介与联络方式，方便业务正常运作。当然，离职时也有不该做的事，包括不要对公司有任何批评言语以及内部挖角的动作，这些对原企业的伤害都很大。

以上这些“离职计划”，会让你给这段职场生涯画上一个完美的句号。

四、切忌频繁“跳槽”

“跳槽”会带来什么？下面我们看看徐丽的经历：

徐丽26岁，初中没毕业她就开始在河北廊坊和哈尔滨打工，先后干过家政服务员、饭店服务员、面点师、办事处接待员等9份工作。她觉得每次“跳槽”对她都有利，比如从小饭店跳到大饭店，从大饭店跳到办事处，她的工资都提高了，每一次她都掌握了一些技术，能力得到了提升。比如在小饭店她学了面点制作，在大饭店里学会了如何待人接物，在办事处又学会了电脑。但是从长远来看，她又认为频繁“跳槽”对她个人的经验积累不利，她说：“如果当年我学会了面点制作就专志于它，也许现在我都买房了，教我面点制作的师傅一个月的收入有4 000多块，我不说也能挣4 000，两三千应该没问题。这几年我收获很大，不过现在我很害怕再换工作，我不知道再换工作我能不能适应，而且，现在我这个年龄也不适合老换工作了。”

徐丽的职业经历是许多打工者经历的缩影，他们每次经过“跳槽”都会比过去好一点。但是因为缺乏长远职业规划，行业变动太频繁，至今没有一个安身立命的专长。年轻的时候，这个问题不明显，随着年龄的增长，没有职业专长的弊端就会显现出来。

“跳槽”通常都是在有了更好的机会下才发生的，人们也是冲着好的方向去的。但是，“跳槽”有收获也有付出，“跳槽”在带给你较高的劳动报酬、新的发展机遇的同时，也意味着失去你在现在单位打拼积累下的一切，特别是跨行业“跳槽”，付出的成本更高。

一般来说，频繁“跳槽”可能产生以下负面

影响：

第一，影响一个人职业发展的连续性，除非“跳槽”始终是沿着一个职业发展方向跃进的。相对来说，跨行业“跳槽”比行业内“跳槽”对人的职业发展影响更大。

第二，“跳槽”意味着将一切从头再来，你将失去现有的全部关系和基础，甚至包括单位对你工作的认可度，以及提职需要的年头考验等。而要取得新单位领导和同事的认可，又要花费一定的时间。所以，频繁“跳槽”的一个可能结果是，你永远处在单位的考验期中，反而失去晋升的机会。

第三，频繁“跳槽”地去找新工作，会给用人单位一个这个人做事不踏实、不稳定的印象。如果你“跳槽”的职业经历连续性很差，今天做服务员，明天做销售，后天做秘书，招聘方还会认为你没有一个明确的职业发展目标。

所以，打工者在“跳槽”之前必须权衡利弊，谨慎行事。如果职业发展瓶颈来自本身，更需从长远角度考虑，而不要冲动行事，即便“跳槽”也应该对新单位有了详细了解后再做决定。

小贴士——

◆ “跳槽”尽量避免法律纠纷

有关专家提醒职场人士，“跳槽”时应学会保护自己，尽量避免法律纠纷。

一是，“跳槽”前应该认真查阅自己与企业订立的劳动合同和其他协议、附件，确认是否有关于解约的特殊约定，如培训服务期、违约金、

招收录用费用等，避免盲目跳槽发生赔偿纠纷；如果有这些约定，应积极与企业协商或咨询专业律师。

二是，按照《劳动法》第三十一条的规定，辞职必须提前三十日书面通知单位，不能说走就走，否则你要赔偿给用人单位造成的损失。当然，如果合同中对提前通知有特殊约定，应当按照约定履行。

三是，“跳槽”前还应做好工作交接，避免因时间仓促给交接工作带来障碍，引起不必要的纠纷。

四是，“跳槽”后对于掌握原雇主商业秘密的员工还要继续保守商业秘密，与原雇主订立不竞争协议的，应按照协议约定办理，一般情况下不得从事同业竞争业务；但是，如果原雇主未曾按照约定支付经济补偿，员工则可以不受协议的约束。

五是，对于离职的工资、加班费、奖金等，最好在“跳槽”前与原雇主一次性结清，可以要求原雇主提供支付清单，或双方签订离职协议，明确原雇主支付义务的履行情况。如果原雇主无正当理由，拒绝支付员工的劳动报酬、保险福利等，应及时依法向劳动监察部门投诉或向劳动争议仲裁委员会提出申诉。

第9章 打工提升

一、打工提升秘诀——边工作边“充电”

二、考取职业资格证书

三、“钱”途无量是“灰领”

四、获取更高学历

一个文化水平不高的打工者究竟能走多远？

美国前总统罗斯福的夫人在年轻时从本宁顿学院毕业后，想在电讯业找一份工作，她的父亲就介绍她去拜访当时美国无线电公司的董事长萨尔洛夫将军。萨尔洛夫将军非常热情地接待了她，随后问道："你想在这里干哪份工作呢？""随便，"她答道。"我们这里没有叫'随便'的工作"，将军非常严肃地说道："成功的道路是由目标铺成的！"

只要我们有了明确的奋斗目标，并为之不懈地努力，同样可以有不可限量的前程。

遗憾的是，因为种种原因，很多打工者过早地离开了学校，失去了学习的机会。"书到用时方恨少"，当他们离开家乡，踏上打工路，东奔西跑地找工作时，才发现自己的知识实在不够用。

有的人在工作过一段时间后，发现就自己所掌握的知识工作上很难再有所提升；有的人则是在想找一个更好一点的工作时，因学历不够、专业技能不足而吃了“闭门羹”。

知识这道门槛把许多打工者挡在了理想的大门之外。怎么办呢？解决的办法只有一个——继续学习。

知识改变命运。俗话说“活到老，学到老”，只要你肯学，什么时候开始都不晚。

一、打工提升秘诀——边工作边“充电”

通过学习提升自己是职场中变被动为主动的唯一办法。但是，由于生存的需要，一般打工者无法像学生一样全日制地脱产学习，只能选择半工半读的方法学习。

目前，适合普通打工者的学习方式有两种，一是参加职业技能培训，二是参加在职学历教育。现在社会上有各种类型的职业技术培训班和高自考及成人高考培训。具有高中文化程度，并愿意获得更高学历的打工者可以选择参加高等教育自学考试，以此获得大专或大

学文凭，提升自己的就业层次。对于基础知识较差，只有初中文化程度的打工者，可以从自己的实际工作出发，选择参加各类职业技能培训，考取相应的职业资格证书，获得一技之长更为适宜。

取得职业资格证书和参加高等教育自学考试获得的大专或大学文凭，都被社会所认可，可以作为以后工作晋升和找新工作的学历证明。

（一）参加职业技能培训

参加职业技能培训的方式很多，归纳一下，适合于进城打工者参加的主要有三类：

1. 就业单位提供的岗位培训

这类培训通常时间比较短，目标很明确，是为了让上岗者能迅速掌握必要的技能，开始正式工作。比如一些饭店对新服务员的短期培训，一些家政服务公司对新招收的家政服务员的集中培训，等等。参加这类培训可以获得最基本的上岗技能，也就是获得进入一个新行业的入场券，通常无需交费。如果你进城后找到的第一份工作，单位能够提供这样的培训，那是再好不过了。在你找工作时，如果有雇主说明可以免费提供岗前培训，那你最好先选择这家，让自己能够快速掌握入行本领，然后再考虑别的因素。

不过，就业单位提供的岗前培训时间短、培训内容又较简单，有很大的局限性。如果你想让自己在某行业有更大的发展，或者想尝试另一个行业，那么，你应该尝试下面的受训途径。

2. 政府和社团提供的免费培训

目前，各地都陆续启动了对农民工开展职业技能培训的阳光工程，并拨出专款用于培训补贴。

不过，各地规定的培训方式不同，发放培训补贴的方式和标准也有所不同。

比如北京市规定，“外来农民工技能培训工程”主要针对来自外省市农村地区、与本市各类企业签订劳动合同并且缴纳了社会保险的农民工，并且由单位集体组织参加。培训以实际操作技能为重点，课时数规定不得少于总课程数的 50%，另外列入职业道德、安全生产、消防常识、卫生防疫、劳动法等知识。

在参加培训的人员考取国家职业资格证书后，北京市政府将按初级、中级、高级各补贴 400 元、500 元、600 元的标准，对培训机构予以补贴。

浙江省的政策有所不同，是将职业培训的政府补贴直接发给打工者。杭州市规定，从 2006 年 12 月 1 日起，农村务工者如果参加职业技能培训，并取得职业资格证书的，初级每人补贴 300 元，中级每人补贴 400 元，高级每人 600 元。温州从 2006 年 9 月开始对外来务工者提供政府培训补贴，参加 19 家市属职业技能提升培训基地的培训，并取得职业资格证书或专项能力证书的，可获得初级 230 元、中级 400 元、高级 800 元的补贴。

参加由政府提供补贴的职业技能培训是最好的，但因为范围有限，各地政策又有差别，如何参加培训，培训采取怎样的方式，详情你可以向你所在地的社会和劳动保障局查询。

除了政府资助的职业培训之外，还有一些民间机构或社团、受慈善基金的资助提供的免费培训，要获得这样的培训机会，平时需多关心新闻信息、参加社区组织的一些活动等，以得到培训的具体信息，再报名参加。

3. 各类培训机构的专业培训

各地目前都有各类职业培训学校和机构，大多数为民办，培训的职业门类相当广泛，有汽车维修工、安装维修、电工、钳工、餐厅服务员、计算机操作、计算机文字录入、秘书、物业管理等，培训层次从初级、中级到高级都有。培训时间也视职业种类和层次需要，从几天到几个月不等，当然收费也有很大差别，从几百元到几千元的都有。

参加这类培训的好处是，可以获得较多较深的专业知识和技能，能够有助于你进一步提高职业技能，并且具备考取职业资格证书的条件。

但参加这类培训需要你先积累一定的经济基础，可以考虑在进城打工半年或一年后，有了初步的打工经验和有一定的积蓄后，再进行考虑。

各地职业技能培训学校的地址和电话通常可以在当地的社会和劳动保障局网站或电话黄页上查到。如北京市劳动保障网：www.bjld.gov.cn，在首页上点击“公众查询”，就可以找到“全市民办职业技能培训机构名录”，点开每个机构，都有详细的培训内容和联系方式。

（二）参加学历教育

适合打工者的学历教育有高等教育自学考试和成人高等教育考试两种，它们的主要特点都是可以在不脱产或半脱产的情况下参加学习。

1. 高等教育自学考试

高等教育自学考试不用经过入学考试，也不

用去学校上课，完全可以依靠自学来完成学业。你只要根据自己的情况选择相关的专业，自学该专业的课程后，参加国家组织的统一考试，成绩合格后即可取得大学专科或本科的毕业证书，本科毕业生还可以申请学士学位。自学考试的学历受到国家的承认，在单位聘用和工资方面享有与普通高校同类毕业生相同的待遇。

2. 成人高等教育考试

参加成人高等教育考试需要在成人高等教育院校注册学习，入学要经过考试，并且分数上线才能被录取。学习方法有业余和脱产两种。一般录取后经过自身努力，几乎100%都能毕业，获得专科或本科文凭。成人高等教育毕业在单位聘用和工资方面也享有与普通高校同类毕业生相同的待遇。

3. 两种学历教育的区别

高等教育自学考试与成人高等教育考试两者的区别是：

（1）自学考试属于“宽进严出”型，入学没有名额限制，只要有能力均可参加，但是要通过国家统一考试才能获得文凭。成人高校的招生名额由国家教委统一下达，高校不得自己随意扩大招生名额。但是最近几年，由于各院校扩大招生，录取线已相当低，90%以上的考生能顺利过关。因此，现在的成人高考实际是“宽进宽出”，即“入学容易，毕业无忧”，因此是目前在职取得高等学历的较为理想途径。

（2）自学考试以个人自学为主，考试费用低，考试灵活，考生自主性强；而成人高校学生虽然可以脱产或半脱产方式进行学习，但属于在校教育，每学期均需交纳一定数额的学费，且学生须严格按照每学期的安排进行学习和考试。

二、考取职业资格证书

职业资格证书由国家劳动部门颁发，是表明劳动者具有从事某一职业必备专业知识和技能的证明。国家规定，用人单位招用技术职业的职工，必须从获得相应职业资格证书的人员中录用。在有的行业或有的行业的某些关键技术岗位它就是准入证。所以，它是劳动者求职、任职，或个人开业的资格凭证，也是用人单位招聘、录用劳动者的主要依据。如果境外就业，它还是对外劳务输出人员办理技能水平公证的有效证件。

（一）一“证”在手　助你闯天下

随着政府对就业准入和职业资格证书制度的大力推广，中国也将从学历社会向职业资格型社会转型。劳动者一旦取得职业资格证书，就等于取得了就业通行证，在全国各地从事此种行业均能使用。就打工者个人来说，多揣一个证书就多一份职场竞争力。如果同样到一个单位求职，你有职业

资格证书，别人没有，用人单位肯定会优先考虑你。如果你持有多个职业资格证书，在一些需要多面手的中小公司会更受青睐，因为这至少说明你可以适应多个岗位。在一个单位里，有没有职业资格证书有时在受重用程度和工资待遇上还有差别。

所以，对于文化程度较低，参加成人高考和自学考试有难度的打工者，根据自己所从事的工作，考一张相应的职业资格证是非常现实的选择。

考取职业资格证书也不是什么高不可攀的难事。刘强是千千万万打工者中的普通一员，他的故事为我们提供了一个考证成功的范例。

刘强，刚刚 21 岁，三年前从农村老家来北京打工时，进了一家汽车维修店做修理工。但是，现在刘强在维修店里被叫做“师傅”，别人接手的维修活儿，都要他来帮助看看。因为他已考取了中级汽车维修工的证书，现在正在准备考取高级汽车维修工的证书。刘强工资并不高，现在每月也就 1 000 多元，但是店里包吃包住，于是他把自己的大部分收入都作为了学费，报名参加了外面的职业技能培训班，利用周末休息时间去学习。店里老板看刘强钻研技术，外出学习也是为提高工作技能，所以非常支持，尽量在时间上给他提供方便。所以，刘强顺利地完成了中级汽车维修工技术的学习和考试。今后，刘强在城市里立足发展的路已经清晰可见。

当你已得到一定的职场历练，期望在本单位得到进一步晋升，或想换一个工作岗位时，那么，就去考一张职业资格证书吧！

（二）怎样获取职业资格证书

目前，我国技术性职业（工种）的职业资格证书，分为初级技能、中级技能、高级技能，以及技师、高级技师五种。证书由国家劳动和社会保障部统一印制，劳动社会保障部门或国务院有关部门按规定办理和核发。

获取职业资格证书有两种方法：

1. 个人直接申请

个人可以直接到当地就近的职业技能鉴定所(站)提出职业技能鉴定申请，经职业技能鉴定机构进行资格审查合格后，参加由具有相应资质的职业技能鉴定机构组织的统一考试，考试合格后发给职业资格证书。

这种方式的前提是你通过岗位训练和自己的刻苦学习，在某一行业技能方面已经具备了一定的能力和水平，为进一步获得发展，只需要进行资质认定。

2. 通过职业技能培训机构办理

参加社会上有资质的职业技能培训机构一段时间的专业技能培训，然后由培训机构帮助安排参加职业技能等级考试和领取职业资格证书。

这种方式既适合已在某行业供职，想快速提升自己在本行业的职业技术等级的人，也适合于想投入某行业而丝毫没有该行业从业经验的人。由于由有资质的培训机构代办有关申领职业资格证书的手续，这种方法省心，而且通过率高。

如果你喜欢自己现在从事的工作，想尽快提升自己的职业资质，以便去争取更高的职位；或者你想转行发展，已选中了自己打算从事的某一个行业，但是对该行业还一无所知，都可以采取这种方法。通过参加短期、系统的职业技能培训，快速提升某一行业的专业知识、技能，然后再凭职业资格证书去应聘，这是许多职场人的惯用做法。

（三）申办职业资格证书条件与程序

职业资格考试通常在每年的 5 月和 11 月进行。申请不同工种、不同级别技能鉴定，其申报条件不尽相同。

1. 申报职业技能鉴定的条件

一般来讲，参加初级鉴定的人员必须是学徒期满的在职职工或职业学校的毕业生；参加中级鉴定的人员必须是取得初级技能证书并连续工作 5 年以上，或是经劳动行政部门审定的以中级技能为培养目标的技工学校以及其他学校的毕业生；参加高级鉴定人员必须是取得中级技能证书 5 年以上，连续从事本职业(工种)生产作业不少于 10 年，或是经过正规的高级技工培训并取得了结业证书的人员；参加技师鉴定的人员必须是取得高级技能证书，具有丰富的生产实践经验和操作技能特长、能解决本工种关键操作技术和生产工艺难题，具有传授技艺能力和培养中级技能人员能力的人员；参加高级技师鉴定的人员必须是任技师 3 年以上，具有高超精湛技艺和综合操作技能，能解决本工种专业高难度生产工艺问题，在技术改造、技术

革新以及排除事故隐患等方面有显著成绩，而且具有培养高级工和组织带领技师进行技术革新和技术攻关能力的人员。

2. 办理职业资格证书程序

(1) 提出职业技能鉴定申请。申请人应当提交下列证件：职业技能鉴定申请表、本人身份证、本人资历和能力水平证明。

(2) 参加职业技能鉴定考试。考试包括理论考试和操作技能考核，在指定时间、地点进行。具有大专以上学历或者中级以上技术职务的人员免予理论考试。如果理论考试和操作技能考核只有单项成绩合格，单项成绩保留两年，申请鉴定人可以在两年内补考另一未合格项目。

(3) 公布鉴定结果。鉴定结果应当自鉴定结束之日起十五日内公布并通知申请鉴定人。申请鉴定人也可以向职业技能鉴定机构查询。申请鉴定人对鉴定结果有异议的，可以向劳动保障行政部门提出。劳动保障行政部门应当在七日之内决定是否受理，并在三十日之内作出处理决定。

(4) 领取职业资格证书。劳动保障行政部门应当在劳动者通过职业技能鉴定合格之日起三十日内，核发《中华人民共和国职业资格证书》。

附录　我国须持《职业资格证书》上岗的部分工种

目前，我国要求必须持证上岗的工种有 90 个，涉及衣、食、住、行各个方面。下面是其中部分工种：

生产、运输设备操作人员 车工、铣工、磨工、镗工、组合机床操作工、加工中心操作工、铸造工、焊工、金属热处理工、冷作钣金工、涂装工、装配钳工、工具钳工、锅炉设备装配工、电机装配工、高低压电器装配工、电子仪器仪表装配工、电工仪器仪表装配工、锅炉设备安装工、变电设备安装工、维修电工、计算机维修工、手工木工、粗细木工、音响调音工、贵金属首饰手工制作工、土石方机械操作工、化学检验工、食品检验工、纺织纤维检验工、贵金属首饰钻石宝石玉石检验员、防腐蚀工。

农林牧渔水利业生产人员 动物疫病防治员、动物检疫检验员、沼气生产工。

商业、服务业人员 营业员、推销员、出版物发行员、中药购销员、鉴定估价师、医药商品购销员、中药调剂员、冷藏员、中式烹调师、中式面点师、西式面点师、调酒师、营养配餐员、餐厅服务员、前厅服务员、客房服务员、保健按摩师、职业指导员、物业管理员、锅炉操作工、美容师、美发师、摄影师、眼镜验光员、眼镜定配工、家用电子产品维修工、家用电器产品维修、照相器材维修工、钟表维修工、办公设备维修工、保育员、家政服务员、养老护理员。

办事人员和有关人员 秘书、公关员、计算机操作员、制图员、话务员、用户通信终端维修员。

钳工和家政服务员资格申报条件

每个行业职业技能资格申报条件都不同，这里介绍考取钳工和家政服务岗位的职业技能资格证的申报条件，供参考。

*钳工申报条件

初级（具备以下条件之一者）：

(1) 经本职业初级正规培训达规定标准学时数，并取得毕（结）业证书。

(2) 在本职业连续见习工作 2 年以上。

(3) 本职业学徒期满。

中级（具备以下条件之一者）：

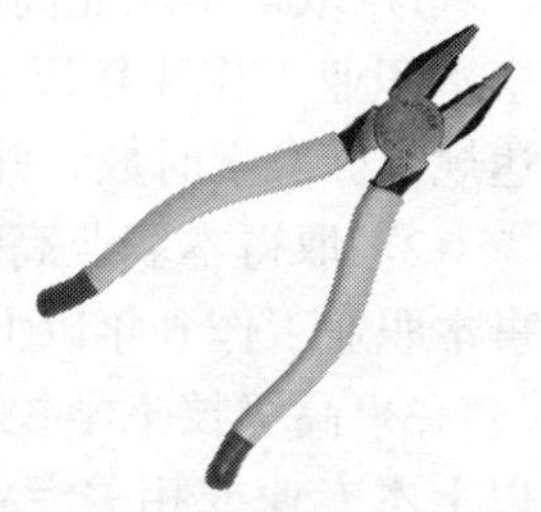

(1) 取得本职业初级职业资格证书后，连续从事本职业工作 3 年以上，经本职业中级正规培训达规定标准学时数，并取得毕（结）业证书。

(2) 取得本职业初级职业资格证书后，连续从事本职业工作 5 年以上。

(3) 连续从事本职业工作 7 年以上。

(4) 取得经劳动保障行政部门审核认定的、以中级技能为培养目标的中等以上职业学校本职业（专业）毕业证书。

高级（具备以下条件之一者）：

(1) 取得本职业中级职业资格证书后，连续从事本职业工作 4 年以上，经本职业高级正规培训达规定标准学时数，并取得毕（结）业证书。

(2) 取得本职业中级职业资格证书后，连续从事本职业工作7年以上。

(3) 取得高级技工学校或经劳动保障行政部门审核认定的、以高级技能为培养目标的高等职业学校本职业（专业）毕业证书。

(4) 取得本职业中级职业资格证书的大专以上本专业或相关专业毕业生，连续从事本职业工作2年以上。

技师（具备以下条件之一者）：

(1) 取得本职业高级职业资格证书后，连续从事本职业工作4年以上，经本职业技师正规培训达规定标准学时数，并取得毕（结）业证书。

(2) 取得本职业高级职业资格证书后，连续从事本职业工作6年以上。

(3) 高级技工学校本职业（专业）毕业生和大专以上本专业或相关专业毕业生，取得本职业高级职业资格证书后连续从事本职业工作满2年。

高级技师（具备以下条件之一者）：

(1) 取得本职业技师职业资格证书后，连续从事本职业工作3年以上，经本职业高级技师正规培训达规定标准学时数，并取得毕（结）业证书。

(2) 取得本职业技师职业资格证书后，连续从事本职业工作5年以上。

*家政服务员申报条件

初级（具备以下条件之一者）：

(1) 经本职业初级正规培训达规定标准学时并取得毕业证书。

(2) 在本职业连续见习工作半年以上者。

中级（具备以下条件之一者）：

(1) 取得本职业初级资格证书后，连续从事本职业工作 1 年以上，经本职业中级正规培训达规定标准学时数，并取得毕（结）业证书。

(2) 取得本职业初级职业资格证书后，连续从事本职业 1 年半以上。

(3) 取得经劳动保障行政部门审核认定的，以中级技能为培训目标的中等以上职业学校本职业毕业证书。

高级（具备以下条件之一者）：

(1) 取得本职业中级职业资格证书后，连续从事本职业工作 2 年以上，经本职业高级正规培训达规定标准学时数，并取得毕（结）业证书。

(2) 取得本职业中级职业资格证书后，连续从事本职业工作 4 年以上。

(3) 大专以上毕业生，经本职业高级正规培训达规定标准学时数，并取得毕（结）业证书。

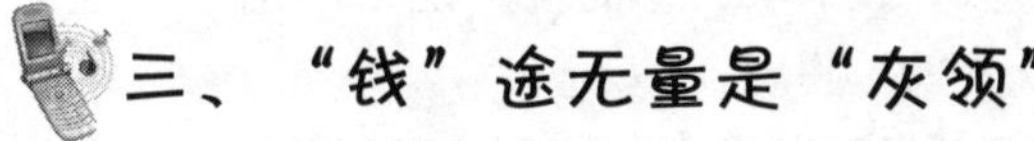

三、“钱”途无量是“灰领”

(一) 什么是“灰领”

“灰领”原指负责维修电器、上下水管道、机械的技术工人，他们经常穿着灰色的制服工作，因而得名。现在人们所说的“灰领”，指既具有较高知识层次，又具有较强操作技能

的复合型职业技术人才。他们既能动脑，又能动手，既会创意管理，又能进行实际操作。“灰领”必须有很娴熟的技术，他们需要经常动手。但是“灰领”不像一线的蓝领，他们有着比蓝领更多的专业知识和较高的劳动技能，他们的薪资是一般蓝领的 3~5 倍。

“灰领”在制造企业一线从事高技能操作、设计或生产管理，或者在服务业提供创造性服务，如广告策划设计、电子工程技术、网络管理、会展策划，服装设计、软件开发、包装设计、装饰设计、绘图、喷涂电镀等都属于“灰领”。

（二）市场对“灰领”人才的需求状况

“灰领”人才在中国供不应求。资料显示，中国城镇企业共有职工 1.4 亿人，其中高级技师仅占 0.41%，技师只占 3.1%，而在发达国家，这个比例达到 20%~40%。也就是说，中国至少还缺三四千万“灰领”。

上海市劳动和社会保障局 2005 年统计的数据显示，上海共有 140 万技术人员，其中高级技工、技师和高级技师加在一起所占的比例只有 6.2%。一个高级技师面前，有 7.33 个就业岗位等着。在北京，高级技师岗位与人才的比例是 7∶3。广东“灰领”技术人才缺口超过 10 万。

从“紧俏职业排行榜”上看，“灰领”职业已取得“领跑”地位。排名前 10 位的职业中，有 8 个属于“灰领”范畴。

对于“灰领”的前景，业内人士都颇为看好。根据有两个：一方面是就业空间广阔，另一方面是收入丰厚。“灰领”虽属于工人，但收入远高于“蓝领”，根据不同的行业、不同的工种，月薪一般从2 000~8 000元不等，也有高至超万元的。像高级钳工、高级模具工，就有企业标出10万、20万甚至30万元的年薪雇请。

（三）怎样才能成为“灰领”

●35岁的袁锁军老家在江苏省丹阳市，他初中毕业就来到东阳市兴华化工有限公司打工。如今，他已成为东阳市兴华化工有限公司氯甲苯分厂的厂长，管理着70多名员工，其中10名有大中专学历。2006年，他带领技术人员开发的3，4-二氯甲苯分离技术，达到了国际先进水平，为公司新增销售收入3 000万元。袁锁军善于思考，并成为公司节能减排的能手。2004年在建设、安装12 000吨氯甲苯项目过程中，袁锁军每天连续奋战15个小时，提出14处图纸修改意见，为公司节约20万元基建费。2005年，他提出“热水回收利用”、“冷却水循环利用”的思路。实施后，公司每年节省用煤2 000吨、节水80万吨。

●蒋正旺的老家在浙江省磐安县。在青年汽车集团，他是一名汽车维修高手和汽车使用说明书编写高手。2005年，一辆行驶100多万公里的客车出故障，在多家维修点都修不好，到他手里只要5分钟就排除了故障。2007年他组织编写了20多本青年豪华客车使用说明书及3本配件目录，为公司节约编写费80多万元。随着“青年”汽车出口海外，他又组织人员翻译使用说明书、配件目录和其他售后服务资料，还多次带领技术骨干到海外做售后服务。现在他是售后服务部培训科科长。

2008年，他们俩人都被浙江省推荐为“全国优秀农民工”的候选人。像袁锁军、蒋正旺这样来自低学历岗位，靠自学钻研成为“灰领”的人还有很多，但在整个技术工人群体中，他们是绝对的少数。一是因为许多技术工人缺乏长远的职业规划，二是因为许多人找不到提升技能的途径和方向。

参加职业技能培训是成为“灰领”的有效途径，也是目前的主要途径。就制造行业来说，如果是初中毕业就进工厂，从工人到技工、技师再到高级技师一步步往上升的话，这个过程要20年。但如果你先读了中专或者高职再进企业，或者在工作期间参加专业培训，考取相关的职业资格证，这个过程会缩短很多。

有许多年轻人已经看出了这一点，所以今天可谓进入了考证时代。在城市里，你会看到许多年轻人马不停蹄地穿梭在工作岗位和各种培训学校之间，为了考取一个职业资格证书而奔忙。他们中有近年毕业的大、中专学生，也有刚刚从农村出来不久的初、高中生。他们在适应了城市生活后，已意识到了要想在城里发展、扎根，少不了这样一块硬邦邦的敲门砖。他们中有的人已怀揣了不止一个职业资格证书，这是他们想换一个岗位或期望在本单位得到进一步晋升的资本。

但是，在参加培训时，一定要注意以下三点：

第一，掌握多种技能，成为复合型人才。现代企业越来越青睐掌握多种技能的复合型人才，技能单一者很容易遭到淘汰。技能人才需要不断掌握新技术，这样才能在掌握多种技术的基础上进行创新，同时对各种岗位的适应性也比较强。

第二，学历与技能并重，做“知识型工人”。企业越来越青睐“知识型工人”。拥有专业知识背景，并在技能上过硬的人，就业竞争优势更为明显。同时，学历与技能并重者薪水也往往比较高，且在职业发展中也比低学历者更容易转为管理职位。因此，技能人才在磨炼技能的同时，也别忘了提升自己的学历。

第三，慎重选择培训学校。报名参加技能培训班时，一定要详细了解培训学校的情况，包括：学校的资质，经该校培训后能否获得国家认可的职业资格、开办哪些专业、收费是多少等。

附录

“灰领”包括哪些职业

根据“灰领”的定义以及国家职业大典中对职业的分类，可以初步认为包含或属于“灰领”的职业有 44 个：

1. 广告设计制作员　从事广告创意、宣传、形象设计与制作的专业人员。工作条件和使用设备的改变，拉近了设计与制作的距离。以前的广告设计人员现在也负责广告的制作。

2. 展览设计制作员　从事陈列研究、展览设计的专业人员。

3. 室内装饰设计员　运用物质技术和艺术手段，对建筑物及飞机、车、船等内部空间进行室内环境设计的专业人员。

4. 服装设计师 从事服装成衣、个人定制服装、戏剧影视舞台艺术服装设计的专业人员。

5. 产品设计师、包装设计师 对产品、包装物做美化设计的专业人员。

6. 现代工艺设计制作师 使用新的原材料和新工艺，进行新产品工艺美术设计与制作的专业人员。

7. 实用工艺品设计制作师 从事日常器皿、器具、人体与物体装饰品等实用工艺品设计与制作的专业人员。

8. 特种工艺设计制作师 运用特种原材料和技艺进行玉雕、牙雕、景泰蓝等工艺品设计的专业人员。

9. 陶瓷设计制作师 运用陶瓷泥料、釉料、焙烧炉窑及其他制窑工具进行艺术创作的专业人员。

10. 雕塑设计制作师 以石料、泥料、木料、金属、石膏、化工等材料为依托物进行造型艺术创作的专业人员。

11. 道具师 对影视片、舞台演出等道具进行美术创作和管理的人员。

12. 置景师 从事影视片、舞台演出等场景组织制作的人员。

13. 化妆师 从事影视、舞台演出等演员造型设计并完成造型的人员。

14. 美工师 从事影视片等造型设计的艺术创作人员。

15. 剪辑师 从事电影电视声画素材剪辑艺术工作的人员。

16. 录音师 从事影视片等声音录制的人员。

17. 照明师 从事影视片摄制造型艺术及其他艺术形式光线处理的人员。

18. 社区健康援助员（社区护士） 从事社区病人及人群的辅助治疗、健康教育和健康咨询的专业人员。

19. 影像师（影像技师） 操作医学成像设备为诊断提供病人身体内部结构影像的技术人员。

20. 园艺师（园艺技术人员） 从事蔬菜、花卉、果树、茶叶等作物遗传资源、遗传育种、栽培和产后处理及高产、优质、高效、低耗种植技术的研究、示范、推广的技术人员。

21. 植物养护师（植物保护技术人员） 从事植物病、虫、草、鼠等有害生物综合治理技术研究与推广、示范，提出保护农作物免受有害生物或其他有害物质危害的措施，减少作物损失促进农业资源可持续发展的技术人员。

22. 营销师（营销工程技术人员） 从事市场分析与开发研究，为企业生产经营决策提供咨询，并进行产品宣传促销的工程技术人员。

23. 质量控制师（质量管理与可靠性控制工程技术人员） 从事产品及工作过程系统的质量及可靠性设计、控制、鉴定和检验的工程技术人员。

24. 生产现场管理（生产组织与工程管理技术人员） 从事生产系统的空间和对时间组织、计划、控制与管理的工程技术人员。

25. 设施规划师（设施规划与设计工程技术人员） 对生产系统或服务系统的设施和物流系统进行规划、设计、改造与实施的工程技术人员。

26. 系统规划与管理师（系统规划与管理工程技术人员） 从事企事业单位的发展规划、系统分析、设计评价与管理的工程技术人员。

27. 工艺革新师（普通工业工程技术人员）对提高工作和生产效率，降低消耗的工作和程序等进行规划，设计、改进与实施的工程技术人员。

28. 质量管理师 从事技术质量和服务质量等的研究、管理、监督、检查、检验、分析、鉴定等的工程技术人员。

29. 计量师 从事计量研究、鉴定、校准、测试、监督、管理，以及计量技术法规的制定、修订、实施等的工程技术人员。

30. 标准化管理员（标准化工程技术人员）从事技术标准化、服务标准化、管理标准化的研究和标准的制定、修订、实施、监督、管理的工程技术人员。

31. 安全工程专员 从事安全科学技术研究、开发与推广，安全工程设计施工、安全生产运行控制，安全检测检验、监督监察、评估认证、事故调查分析与预测预防，安全工程专业教育与技术培训等工作的工程技术人员。

32. 环境污染治理工艺师 对水处理工程、大气污染控制工程、固体废物处理工程，噪声、放射性改造工程等环境污染预防和控制工程等进行工艺设计、改进、设备研制、改装、调试运行的工程技术人员。

33. 环境监测员 对环境质量状况及污染物排放进行监测性测定和预测预报的工程技术人员。

34. 环境损害控制员 从事环境损害的预防

控制、污染治理与环境修复的工程技术人员。

35. 应用气象师（应用气象人员） 从事气象学与有关专业相互关系的研究，并把气象学知识应用于有关专业的工程技术人员。

36. 仪器仪表维修师（仪器仪表工程技术人员） 从事仪器仪表产品或系统的设计制造、运行、维护等的工程技术人员。

37. 设备维护师（设备工程技术人员） 从事生产设备和动力设备的规划与设计、调查与购置、安装与调试、运行、维修、改造、更新和报废等工作的工程技术人员。

38. 音频处理师、视频处理师（广播视听设备工程技术人员） 从事视频、音频系统与设备设计、生产和使用维护的工程技术人员。

39. 电子仪器制作师（电子仪器与测量工程技术人员） 从事电子测量仪器与系统和医疗电子仪器设计、生产和使用维护的工程技术人员。

40. 通信工程管理与维护师（通信工程技术人员） 从事光纤通信、卫星通信、数字微波通信、无线和移动通信、通信交换系统和综合业务数字网以及综合网和有线传输系统的设计、制造和使用与维护的工程技术人员。

41. IT 设备技术师、IT 硬件维护师（计算机硬件技术人员） 从事计算机硬件技术调试、集成、维护和管理的工程技术人员。

42. 程序员、软件应用维护师（计算机软件技术人员） 从事计算机系统软件和应用软件测试、集成、维护和管理的工程技术人员。“灰领”主要是测试、集成、维护和管理。

43. 网络管理师、信息防御侵略师（计算机网络技术人员） 从事计算机网络和计算机通信技术安装、集成、调试、维护和管理的工程技术人员。

44. 园林规划建造师（风景园林工程技术人员） 从事以园林艺术、环境生态、园林建筑和园林工程为综合基础的风景区及各类型城镇园林的总体规划和设计、施工的工程技术人员。

除了以上的“灰领”职业，还有一些“灰领”专业人才有待开发和培训，如，模型制作师、色彩搭配技术人员、宠物美容师、精油调理师、家庭健康顾问和社区健康顾问、育婴师、网络管理员、信息安全员、喜庆策划师和民间工艺制作师等。

“灰领”培训热门项目

由于社会化的职业技能培训是因社会所需而产生的，因此相对而言，这类培训对社会上的人才需求反应更为灵敏，所设专业和课程也往往为社会紧俏行业，同时在培训方式上更注重学员动手能力的实训。所以，学成之后应用效果比较好。

根据上海市劳动部门统计，受市场欢迎的热门“灰领”职业培训主要分布在IT业、数字制造业、现代服务业、创意产业四大领域。这主要是由于目前上述领域人才缺口较大，培训后的学员的出路较好。

● IT业

软件开发培训：包括软件开发工程师、软件测试工程师等培训项目。我国软件人才缺口达60万，就业前景一片光明。

游戏设计和开发培训：目前国内游戏产业方兴未艾，游戏人才缺口相当大，与游戏开发相关的 IT 培训项目受到市场追捧，多媒体设计、动漫设计、游戏制作等培训项目成为新兴亮点。

● 数字制造业

模具和数控技术培训：模具设计师、数控机床操作技师等均为目前人才市场的紧俏人才，相关培训也受到市场热捧。

机电一体化培训：在机械、汽车、电子、通信等现代制造领域，均需要机电一体化方面的工程技术人员，与此相关的机械制造与自动化、机电一体化、电气自动化等职业培训因此成为大热门。

集成电路培训：按权威机构的预测，到 2010 年，国内需要 25 万~30 万 IC 人才，其中，IC 版图设计师、模拟设计工程师、测试工程师等需求较大。目前，上海市劳动部门已经推出 IC 版图设计等职业培训项目。

● 现代服务业

现代服务业涉及面较广，目前在金融、医疗保健、现代物流等领域都需要大批“灰领”人才。

物流、会展培训：物流、会展等领域由于人才紧缺，相关职业培训也炙手可热。在劳动部门推出的职业培训项目中，物流、会展、采购等项目受到欢迎。

健康保健培训：随着人们生活水平的提高，营养师、育婴师等需求大增，劳动部门因此推出了营养师、育婴师培训项目。

酒店职业培训：旅游业的发展使得对酒店业

人才的需求也日益显现。新兴的酒店人才培训项目不断涌现。

● 创意产业

创意产业涉及广告业、建筑业、数码媒体业、工艺品产业、文化产业和设计业六大行业。同时，服装设计、珠宝设计、室内装潢设计等设计人才行情紧俏，相关职业培训早已成为热点。

室内装潢设计培训：房地产业的红火，加上人们对居住质量要求日益增强，室内装潢行业正蓬勃发展。目前市场上相关的培训项目如雨后春笋般快速增加，成为设计类培训市场的一大热点。

广告设计培训：目前国内广告产业正经历快速发展阶段。广告公司对专业化程度高、有工作经验和外语能力强的人才求贤若渴。培训市场上以提升从业人员创意水平、设计能力的广告设计类培训颇受追捧。

服装设计培训：国内服装企业紧缺具备原创能力的高级服装设计师，包括服装制版、设计等在内的培训也比较热门。

四、获取更高学历

（一）借助学历阶梯——“鲤鱼跳龙门”

巫妹的老家在湖南农村，1995 年，她和几个同村姐妹一起到广东东莞打工。她做过电子厂流水线上的工人，每天的工作就是重复 1 万多次地给马达滴胶；也做过物料员，每天清点、整理、归类无数细小的螺丝和原料，还不能出一点差错；后来她当上了拉长负责一条流水线的生产。她平

时省吃俭用，把钱寄回老家，给家里装上了自来水管，在自己家门前修了路。

但是，她始终没有忘记自己的文学梦。打工之余，她给当地的报刊、杂志投稿，写反映打工者生活的文章。随着报刊上发表的文章越来越多，她与自己的理想越来越靠近。后来她干脆应聘到另一家电子厂做了厂报编辑。为了提高自己的文化知识水平，1997 年她报名参加了北京一所院校的文学创作班，参加函授学习。1998 年底，她又毅然只身来到北京继续求学。她边打工边学习，在一个寒冷的小出租屋她过过啃凉馒头就白开水的日子。但是，她坚持了下来。2001 年，她通过了高等教育自学考试的专科考试全部科目。用这张文凭，她顺利地应聘到一家打工者杂志做编辑。目前她已成为这家杂志的首席编辑，并且在北京结婚买了房子，嫣然一个地地道道的“白领”了。

巫妹的经历仿佛是一个灰姑娘的神话。但是，她就是生活在我们身边的一个活生生的事例。不只是巫妹，还有考上了中国社会科学院的法律硕士生的农民工郭荣庆、被称为“清华馒头神”的张立勇，都给我们树立了一个又一个自学成才的成功范例。

郭荣庆原来只有初中文化。他四处打工，挖过地沟，扫过大街，捡过破烂，也因无暂住证被政府遣送过。在经历了多次磨难后，他才惊醒，因为自己没有文化，命运才如此坎坷。要想赢得别人的尊重，必须有知识。从此，他开始了近10年的漫漫求学路。2004年8月，他接到了中国社会科学院法学所的录取通知书，成为当时年轻人励志的一个美谈。

已经出版《英语神厨》自传的张立勇，高中辍学后到广州打工，1996年来到清华大学成为学校食堂的一名切菜工。在这里他边工作边学习，1999年自学通过大学英语四级考试，之后又考托福达630分高分。现在他已获得北京大学成人教育学院国际贸易专业本科文凭，成了清华大学饮食中心的英语培训老师。2004年他曾被共青团中央授予“首届中国青年学习成才奖”，北京2008年奥运会“人文奥运”——北京市民说英语项目特约顾问。现任美国金头脑（中国）公司CEO，高校天天英语角特约高级英语顾问。

高等教育自学考试给了那些没有机会读大学的人一片新的蓝天，为他们提供了一条半工半读上大学的方式。通过高等教育自学考试的奋斗和跋涉而改变命运的打工者比比皆是。高等教育自学考试可以让我们飞得更高、更远！

（二）怎样参加高等教育自学考试

1. 怎样选择高等教育自学考试专业

虽说参加高等教育自学考试是提高文化、获取文凭的一种不错的方法，但是对于文化程度普遍不高的普通打工者来说，还不是那么容易的一件事。所以，建议打工者慎重选择报考专业。专业选择不当，不仅会增加学习的难度，拖延结业时间，还有可能半途而废。怎样选择适合的专业

呢？一般要做到四个结合：

（1）结合本职工作。参加自学考试的朋友大多是一边工作，一边学习，自学的目的是为了更新知识，提高素质，更好地做好本职工作，立足岗位成才。需要是最好的学校。因为工作的需要，学了就能用得上，能推动学习不断攀上新台阶。

（2）结合本人兴趣。兴趣是最好的老师。所选的专业，适合个人的兴趣，学习就不会感到枯燥，不会成为一种负担，反而会成为一种乐趣。在兴趣的驱动下，学习就会有一种持续的动力，通过各门考试也会比较顺利。

（3）结合现有基础。自学考试是需要循序渐进的，选择专业一定要根据现有的基础，不要人云亦云，一味跟风。比如你数学基础差就应回避需要学习《高等数学》的专业，以便扬长避短。

（4）结合社会需求。参加自学考试要选择那些适应当今社会需求的专业，才能学以致用。有人说英语和电脑是人们进入21世纪的“护照”，所以，近年来选择英语、计算机专业的高等教育自学考试考生几乎占报考人数的一半。

以上“四结合”不能孤立地看，要善于综合几个方面的因素，找出最佳的结合点，选择最适合你的专业。

2. 报名考试办法

国务院发布的《高等教育自学考试暂行条例》第三条规定："中华人民共和国公民，不受性别、年龄、民族和已受教育程度的限制，均可按照本条例的规定参加高等教育自学考试。"每个应考者可根据个人条件、兴趣、需要自行选择学习方向和专业。病残者应选择适合自己身体条件的专业报考。

● 报名办法

首次报名者须持身份证或工作证、户口簿及本人1寸正面半身免冠照片两张，到高等教育自学考试办公室指定的报名点报名。

具有高等学校专科毕业证的参加高等教育自学考试本科考试，须持本人专科毕业证书原件和复印件。国家承认学历的各类高等学校的研究生、本科生、专科毕业生参加高等教育自学考试考取第二学历，可免考已学过的成绩合格的课程，免考课程手续在报名期间办理。

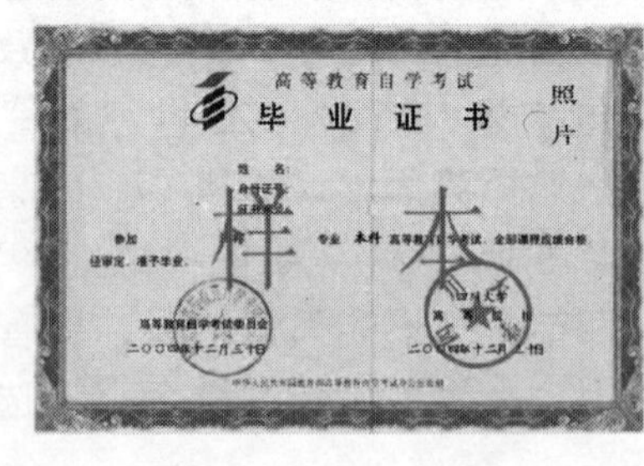

高等教育自学考试

毕业证书

照片

样本

跨区考试的考生，不须要办理转考手续，可直接在应试地区报名、考试，但必须提前申请办理合档手续，毕业登记期间不办理合档手续。

报考本科者每科次缴纳报名费5元、考务费12元；报考专科者每科次缴纳报名费5元、考务费10元。报考英语听说、论文答辩、毕业综合考试、课程设计等项实践性环节考核的考生，除各按一门课程缴纳报名费5元外，还需按规定向主考院校或专业指导学校缴纳实践环节考核费。

● 考试办法

高等教育自学考试命题分全国统一命题、区域命题、省级命题三种。每次考试最多可报考四科。每门课程考试合格(60分为及格)后，分别发给单科合格证书，不及格者可参加下一次该门课程的考试。

考试时间全国每年举行两次，考试时间一般统一在4月份和10月份最后一个星期的星期六、星期日，考场一般设在各市、县人民政府所在地的中学内。考试时，考生必须持本人身份证、卡式准考证和考试通知单进入考场，三证缺一不可。

近年来，各省还在两次考试外适当安排了一些“小考”，增加考生应考的机会。这些小考的报名、考试时间一般在各省自学考试报刊或当地报纸上公布。

3. 怎样顺利通过考试

经常听到参加自考的朋友抱怨，我学得那么刻苦，为什么还是考不过呢？有什么好的经验没有？经验当然是有的。下面就是一些高等教育自学考试“高手”提供的小经验：

(1) 先报一两门“一炮打响”。尤其是第一次报考，最好只报一到两门，这样有充足的时间学习，便于顺利通过考试，“一炮打响”，对后面的考试就了有信心。如果第一次就考不过，有些人难免会打退堂鼓。

(2) “临门一脚”，参加考前辅导班。在临考前的半个月左右，会有很多针对性很强的辅导班。这种辅导班时间很短，一般三天到一个星期，交费也不多，辅导的内容主要是给考生划划重点。这种辅导班被很多自考生形象地称为“临门一脚”、“临时抱佛脚”，但却很有用。如何选择可信的辅导班：一是向已经参加过或正在参加自学辅导班学习的考生打听，二是直接向当地自学考试办公室查询。当然，最好的选择是你主考学校办的辅导班。

(3) 先易后难。容易的课程先考，这样越考越有信心。很多自考生最终放弃考试，就是因为有些课程好几次都没考过，丧失了信心。将难的放在最后，可以让你全身心地来对付它，而且，到最后其他的都过了，就剩下一两门没过，想要放弃你也会不甘心。

小贴士——

◆“战前”、“战后”总动员

对于与考场久违了的打工者来说，听到进入考场的铃声时，难免心理会紧张，特别是第一天第一门科目的考试。这时应再检查自己的所有证件，所有用具是否齐全，以此缓解一下紧张情绪，然后再给自己打打气。重复一下下面的话，这样

的心理暗示绝对对你有帮助——

1. 这次考试对我来说易如反掌。

2. 我一定要达到目标。

3. 对我来说记住复习大纲是一件轻松的事。

4. 我的体力充沛，精力饱满。

5. 目前我的记忆力最强，意志力集中，正处于巅峰状态。

6. 我一定能选出正确答案。

7. 知识重点都已烙在我的头脑中。

8. 我有百分之百的必胜把握。

9. 我的成绩一直优秀，这次也一定能考好。

◆考场应急三招

考场如战场，准备得再充分，考试中也难免有意外，教你几招应对下面状况：

1. 突然慌乱

可采取以下几种方法：第一种方法是放松，闭合双眼，轻轻地对自己说“放松”，重复几次，并注意体验全身松弛的感觉；你也可以全身高度绷紧10秒钟，然后突然放松。第二种方法是深呼吸，在吸气时绵长、缓慢、深沉，呼气时也应达到同样要求。第三个办法是思路中断，一旦产生容易引起慌乱的想法，你可以果断对自己说“停”，同时握紧一下拳头，这样你能中断原来的思路。当你感觉情况好转后，应该迅速转入正常考试。

2. 记忆堵塞

首先要保持镇静，注意放松，调整呼吸；然后，通过情境、结构联想回忆与该问题有关的内容，发掘出有用的材料和线索。另外，你还可以暂时放下当前的题目，先做别的题。

3. 神经紧张

在考试当中，要不时给自己一些调整状态的短暂间歇，伸展四肢和腰背，活动手腕和头颈，摇摇手指关节，这样，才不至于过分紧张或疲劳。如果感到手指非常紧张，先放下笔，活动活动手腕，手臂自然下垂轻轻地摇一摇；也可以双手交叉按压指关节，双手举至面部自上而下干洗脸五六次，你的手便会放松许多。

◆自考热门专业推荐

自考报名人数最多的前10个专业分别是：

本科：汉语言文学专业、会计专业、法律专业、计算机及应用专业、行政管理专业、计算机信息管理专业、经济法专业、金融专业、教育管理专业、公安管理专业；

专科：汉语言文学专业、会计专业、法律专业、英语专业、护理专业、小学教育专业、行政管理专业、中医专业、计算机应用专业、计算机信息管理专业；

中专：中师专业、工业企业管理专业、储运专业、医士专业、经济管理专业、会计专业、社区医学专业、法律专业、人事管理专业、综合电信专业。

自考资料免费下载网址

洪恩在线“试题集锦”专区 http://www.hongen.com/proedu/zxks/stjj/index.htm

自考 365“历年试题”专区 http://www.zikao365.com/web/lnst/

自考 365“笔记串讲”专区 http://www.zikao365.com/web/bjcj/

（三）怎样参加成人高等教育考试

1. 成人高等教育考试报名及考试办法

适合参加成人高等教育考试的对象是已经走上工作岗位或需要转换岗位的人员，以及正在求职的待业者，在所具有的文化基础上，补充学习自己不具备的履行岗位职责所必需的文化专业知识；以取得相应的毕业证书；或已经接受过高等教育的专业技术人员和管理人员需要知识更新和扩展知识面。

成人高考每年 11 月初由国家组织命题考试，第二年春天入学学习。

报考者报名时须持本人身份证、已有学历证明及相应复印件、工作单位证明。成人高校某些专业对招生对象会有特殊的要求，如报考医学专业要求出具对口单位证明等，因此考生如果选报这些有特殊要求的专业，一定要预先备好相关工作证明书。

2. 成人高等教育学校授课方式

成人高等教育学校有三种授课方式可以选择：

（1）夜大。一般在院校驻地招收学生，安排晚上或双休日上课。

（2）脱产学习。脱产学习就是在校内进行全日制学习方式，其管理方式与普通高校一样，对学生有正常的、相对固定的授课教室、管理要求，有稳定的寒暑假期安排。

（3）函授。函授教学主要以有计划、有组织、有指导的自学为主，并组织系统的集中面授，函授教学的主要环节有：辅导答疑、作业、试验、实习、考试、课程设计、毕业设计及答辩。每学年安排3次左右为期10天或半个月的集中面授。面向教师招生的院校，面授时间一般为寒暑假。

3. 成人高考常见问题解答

（1）成人高考什么时候报名？成人高考每年报名时间大概在8月份左右。届时，中国教育在线成人高考栏目将会提供各地成人高考报名时间供考生参考，请密切关注此网站。

（2）外埠人员是否可以报考？需要什么手续？大部分省市允许外来打工者报考当地的成人高校，并就近上学。但由于现行政策规定成人高校报名过程中要进行报考资格审查，所以外来打工者要提早全面了解当地有关的招生政策，准备好相关学历或用工证明。

（3）高中毕业可否直接报本科？可以。高中起点本科是成人高校举办高等学历教育中的一个招生层次。它以具有高中毕业文化程度或同等学历的人员为招生对象。入学后，通过一段时间的

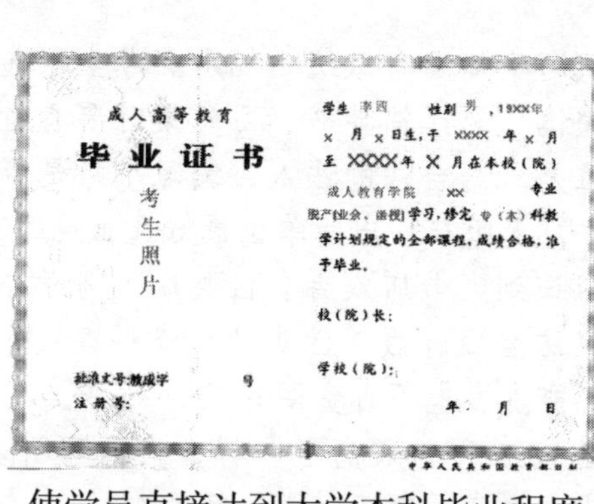

成人高等教育

毕业证书

考生照片

学生 李四 性别 男 ，19XX年 × 月 × 日生，于 XXXX 年 × 月至 XXXX年 X 月在本校（院）成人教育学院 XX 专业脱产（业余、函授）学习，修完 专（本）科教学计划规定的全部课程，成绩合格，准予毕业。

校（院）长：

学校（院）：

批准文号：教成学 号

注册号：

年 月 日

中华人民共和国教育部印制

学习，使学员直接达到大学本科毕业程度。

(4) 没有高中毕业证可以参加成人高考吗？具体来说，高中起点本、专科层次招收具有高中及以上文化程度的在职从业人员，许多省目前已不同程度地放开了对应届高中毕业生的报考限制，考生一般凭身份证就可报名参加入学考试。

(5) 脱产、函授和业余学习所颁发毕业证书有区别吗？没有区别。脱产、函授和业余的区别仅在于其学习形式不同，脱产一般是以全天面授为主；函授是以面授形式为辅、自学形式为主；业余是以周六、周日或晚上授课为主。

(6) 成人高校与普通高校的毕业证书和学位证书一样吗？不一样。成人高校毕业证书以及学位证书上都标有“成人教育”字样。

(7) 专升本毕业生能否获得学士学位？经国家学位管理部门批准，专升本学生获得规定级别的外语等级证书、其他学科成绩和在校期间表现达到一定标准和要求的即可根据有关规定获得学士学位。应向招生学校了解具体情况。

◆慎重选择成人高考教材

成人高考用书除了大纲全国统一以外，教材

辅导书试题集都没有做统一规定。考生在选择教材时应谨慎。选择辅导书、习题集时要看看出书组织单位是否是合法的法人，编写小组是否有正式的名称，出版社、出版单位最好选正规的单位。购书时应该到大书店或者各区县成人高考办公室购买，以防盗版、假冒伪劣辅导资料害人，选择辅导书不能贪多也不可贪便宜。

成人高考和普通高考一样，有文理科之分，主要分为文史类、理工科类、经管类。

◆慎重选择成人高考辅导班

成人高考考前辅导由社会培训机构或成人高校承担。因此，选择辅导班时应注意以下几点：

1.要看清学校的办学许可证。选择辅导班时应该查看培训机构是否有有关部门颁发的社会力量办学许可证，特别要看清楚许可证上规定的办学地点和办学范围里是否有成考培训的字样。有的培训机构只能做会计类或者职称类培训，如该机构也开办成考培训，属于违规办学。

2.“命题专家”授课不可信。有的学校声称请来的老师都是成人高考的命题老师，这是不可信的。按规定凡是参加成人高考命题的老师都不能参加考试辅导。

3.有关退费问题要弄清楚。目前市场上成考班众多，不好区分真假好坏。所以报名时对报名费、课时费、资料费都要问清楚。按照规定，没开课之前任何辅导班都应该无条件退费；开课一周后，可扣除课时费部分后退费；在交费时一定索要正式发票。

4.老师有没有成人高考辅导经验。选择辅导班第一要看师资。辅导老师要有教学经验，责任心强。这里的教学经验是指有成人高考辅导经验，而不是普通高考经验。毕竟有成人高考辅导经验的老师熟悉成人高考命题，了解成人高考考生的常见问题，他们的指导最有针对性。

附录　各地职业技能鉴定中心一览

地　区	单位与通讯地址	邮编	联系电话
广　东	广州市教育路 88 号广东省劳动保障厅职业技能鉴定指导中心	530030	020－83199816
湖　北	武汉市水果湖路 8 号湖北省劳动保障厅职业技能鉴定指导中心	430071	027－87318939
江　苏	南京市北京西路 67 号江苏省劳动保障厅职业技能鉴定中心	210013	025－3392874
广　西	南宁市星湖路 35 号广西劳动保障厅培训就业处	530022	0771－5856958
江　西	南昌市北二路 100 号江西省劳动保障厅职业技能鉴定指导中心	330046	0791－6217020
云　南	昆明市五华山云南省劳动保障厅职业技能鉴定指导中心	650021	0871－3621848
黑龙江	哈尔滨市南岗区文府街 1 号黑龙江省劳动保障厅职业技能鉴定中心	150040	0451－2602291
重　庆	重庆市渝中区人和街 28 号重庆市劳动保障局职业技能鉴定中心	400015	023－63627284
河　南	郑州市政三街省府院 2 号楼河南省劳动保障厅职业技能鉴定中心	450003	0371－5951789
山　东	济南市公和街 9 号山东省劳动保障厅职业技能鉴定指导中心	250001	0531－6910100－0354
内蒙古	呼和浩特市呼伦南路 261 号内蒙古劳动保障厅职业技能鉴定指导中心	010020	0471－6662203
四　川	成都市陕西街 54 号四川省劳动保障厅职业技能鉴定指导中心	610041	028－6122836 028－6140132
天　津	天津市和平区建设路 18 号劳动保障局机关大楼 7 层天津市劳动保障局职业技能鉴定指导中心	300040	022－23030918－8735
宁　夏	银川市凤凰北街 42 号宁夏劳动保障厅职业技能鉴定中心	750001	0951－5032378
新疆生产建设兵团	乌鲁木齐市光明路 15 号新疆兵团职业技能鉴定中心	830002	0991－2644340

地　区	单位与通讯地址	邮编	联系电话
贵　州	贵阳市延安中路 20 号贵州省劳动保障厅职业技能开发处	550001	0851－5867779
辽　宁	沈阳市和平区三好街 65 号辽宁省劳动保障厅职业技能鉴定中心	110003	024－23895513
湖　南	长沙市东风路 113 号湖南省劳动保障厅职业技能鉴定指导中心	410008	0731－4530381
甘　肃	兰州市东岗东路 1163 号甘肃省劳动保障厅职业技能鉴定中心	730020	0931－8492094
北　京	北京市朝阳区惠新东街 5 号北京市劳动保障局职业技能鉴定指导中心	100029	010－64920456
上　海	上海市天山路 1800 号上海市劳动保障局职业技能鉴定指导中心	200051	021－62748577－2514??
安　徽	合肥市长江中路 333 号安徽省劳动保障厅培训处	230061	0551－2647574
海　南	海口市和平南路 20 号海南省人力资源开发中心	570203	0898－65365312
青　海	西宁市西山一巷 5 号青海省劳动保障厅职业技能鉴定指导中心	810001	0971－6106112
吉　林	长春市前进大街 31 号吉林省劳动保障厅职业技能鉴定指导中心	130012	0431－5518843
山　西	太原市府东街 261 号山西省劳动保障厅职业技能鉴定指导中心	030002	0351－3081797
浙　江	杭州市古翠路 50 号浙江省劳动保障厅职业技能鉴定指导中心	310013	0571－85025506
新　疆	乌鲁木齐市中山路 49 号新疆劳动保障厅职业技能鉴定中心	830002	0991－2331001
陕　西	西安市新城大院陕西省劳动保障厅职业技能鉴定指导中心	710006	029－7293977
河　北	石家庄市合作路边 42 号河北省劳动保障厅职业技能鉴定指导中心	050051	0311－7832460
福　建	福州市鼓楼区七星井龙山里 14 号龙山大厦福建省劳动保障厅职业技能鉴定指导中心	350001	0591－7519340 转 262
西　藏	拉萨市北京东路 155 号西藏自治区劳动局培训就业处	850000	0891－6333041